PONS

Deklinationen
LATEIN

von
Thomas Must
Maria Anna Söllner

PONS GmbH
Stuttgart

PONS
Deklinationen
LATEIN

von
Thomas Must
Maria Anna Söllner

Dieses Werk ist inhaltlich identisch mit ISBN: 978-3-12-561390-4

Auflage A1 5 4 3 2 1 / 2014 2013 2012 2011

PONS Produktinfos und Shop: www.pons.de
PONS Sprachenportal: www.pons.eu
E-Mail: info@pons.de

Redaktion: Maria Anna Söllner
Logoentwurf: Erwin Poell, Heidelberg
Logoüberarbeitung: Sabine Redlin, Ludwigsburg
Einbandgestaltung: Daniel Müller, Stuttgart
Titelfoto: Vlado Golub, Stuttgart
Layoutanpassungen und Satz: Satz & mehr, Besigheim
Druck und Bindung: L.E.G.O. S.p.A., Lavis (TN)

Printed in Italy.
ISBN: 978-3-12-561427-7

Vorwort

Zu den wichtigsten grammatikalischen Themen gehören die Deklinationen, die dich deine gesamte Schulzeit über und vielleicht sogar darüber hinaus begleiten werden. Sie stellen – neben Verbformen usw. – die Basis der lateinischen Sprache dar, sie sind sozusagen das „Handwerkszeug" für die Erschließung und Übersetzung lateinischer Texte.

Mit diesem Buch kannst du die Deklinationen der verschiedenen Nomina erlernen, sie bei Bedarf wiederholen und dich gezielt zum Thema „Deklination" auf Klassenarbeiten oder Prüfungen vorbereiten. Effektives Grammatiklernen kann mit einer Vielzahl von Übungen kombiniert werden, die nicht nur für Anfänger, sondern auch für Fortgeschrittene geeignet sind.

Viel Spaß und Erfolg beim Lateinlernen!

So benutzt du dieses Buch

In PONS Deklinationen LATEIN kannst du alle Fragen, die zur lateinischen Deklination in der Schule auftauchen, einfach und schnell nachschlagen. Darüber hinaus findest du viele Übungen, die in Zukunft das Nachschlagen für dich überflüssig machen, da du die Formen beherrschst.

Nachschlagen

Das Buch ist nach den verschiedenen Arten von Nomina eingeteilt: Substantive, Adjektive, Pronomina und Numeralia. Die Kapitel sind jeweils nach demselben Muster aufgebaut: Auf eine Einführung folgen verschiedene Unterkapitel, die jeweils einen Grammatikteil mit Erklärungen und Hinweisen auf Ausnahmen und Sonderformen enthalten.

Dieses Zeichen findest du gelegentlich unter dem Thema „Besonderheiten", bei denen du ganz genau aufpassen musst: Verwechslungsgefahr, Sonderformen, Fallen.
Alle Ausnahmen, Sonderformen und besonderen Bedeutungen findest du auch noch einmal im Überblick **(Achtung Ausnahme!)**.

Die Erklärungen der Grammatik in diesem Buch wurden möglichst einfach gehalten, so dass nur Fremdwörter und Begriffe erwähnt wurden, die dir auch im Schulalltag begegnen. Grammatik soll nicht schwieriger werden, als sie ist! Wichtig ist, dass du die Grundlagen der lateinischen Sprache beherrschst, um dem Ziel – **der Übersetzung** – gelassen entgegenblicken zu können.

Auf den hinteren Seiten des Buches kannst du auf eine Zusammenfassung der Deklinationen **(Deklinationen auf einen Blick)** zurückgreifen.

Üben

Leider kann man die lateinischen Deklinationen nicht immer genau dann nachschlagen, wenn man sie braucht, und sicher macht das Übersetzen eines Textes mehr Spaß, wenn man die Formen leicht erkennt. Daher findest du hier viele Übungen, die dir helfen die Deklinationsformen sicher zu beherrschen.

Im Anschluss an jede Deklination einer Wortart gibt es einen kleinen Übungsteil. Dort kannst du überprüfen, ob du das Gelesene verstanden hast. Gleichzeitig helfen dir die Übungen, die Deklinationsformen zu behalten.

Am Ende eines jeden Kapitels findest du weitere Aufgaben, die dich zu allen Deklinationen des jeweiligen Kapitels befragen (z. B. **Check-up Substantive**). Hier festigst du deine Deklinationskenntnisse in einem größeren Zusammenhang und kannst überprüfen, welche Teilbereiche du dir vielleicht noch einmal genauer anschauen solltest.

Der **Check-up Deklinationen** am Ende des Buches bietet dir zahlreiche Aufgaben zum Üben und Knobeln, mit denen du testen kannst, wie fit du in allen Bereichen der Deklination bist.

Die **Lösungen** zu allen Übungen findest du am Ende des Buches.

Nachschlagen und Üben – alles in Maßen!

Wie kannst du sinnvoll beim Lernen und Üben vorgehen? Hier ein paar Tipps:

1. Lies das jeweilige Unterkapitel sorgfältig von Anfang bis Ende durch.
2. Sieh dir die Tabelle genau an und spreche die Formen laut vor dich hin.
3. Decke die Tabelle ab und versuche, das Gelesene aus dem Gedächtnis wiederzugeben.
4. Ist Schritt 3 gelungen, kannst du dich an die Übungen machen; ansonsten wiederhole Schritt 2 und 3.
5. Nimm dir bei der Bearbeitung der Übungen, die direkt auf das Unterkapitel folgen, ruhig etwas Zeit und mache ausreichend Pausen. So schulst du dein Gedächtnis auf einen längeren Zeitraum und kannst dir das Gelernte besser einprägen.
6. Hast du die ersten Aufgaben erfolgreich gemeistert, kannst du dich nach Bearbeitung des ganzen Kapitels an den jeweiligen Check-up heranwagen.

Inhaltsverzeichnis

1 Das Nomen und seine Deklination

Unter dem Begriff **Nomen** (< ***nōmen*** Name, Benennung) werden Wörter verstanden, die einen Zustand, Lebewesen, Gegenstand, Eigennamen usw. bezeichnen oder diese näher bestimmen.

Nomina sind:

Substantive	Hund, Katze, Haus, Liebe
Adjektive	groß, klein, schön
Pronomina	ich, du, dieser, jener, mein, der
Numeralia	eins, zwei, erster, zweiter

Jedes Nomen steht in einem lateinischen Satz in einem bestimmten **Kasus**, **Numerus** und **Genus**. Die Formenveränderung wird **Deklination** genannt.

1.1 Kasus

Kasus kennst du auch aus dem Deutschen: z. B. des Hauses (= Genitiv), dem Vater (= Dativ). Das Lateinische verfügt über sechs Kasus (< ***cāsus, -ūs*** *m.* Fall):

	Frage	*Abkürzung*
Nominativ	wer oder was?	Nom.
Genitiv	wessen?	Gen.
Dativ	wem?	Dat.
Akkusativ	wen oder was?	Akk.
Ablativ	wodurch? womit? wann? wo?	Abl.
Vokativ	–	Vok.

Der sechste Kasus, der **Vokativ**, tritt im Deklinationsschema nicht in Erscheinung, da er in der Regel wie der Nominativ gebildet wird. Er wird benutzt, um Personen in Aufforderungs-, Befehlssätzen oder Dialogen anzusprechen.

Der **Ablativ** wird im Folgenden meist übersetzt durch „mit". Natürlich gibt es bei diesem vielseitigen Kasus viele andere Möglichkeiten – der Zusammenhang ist hier entscheidend.

1.2 Numerus

Ein Nomen steht in einem bestimmten Numerus (< ***numerus, -ī*** *m.* (An-)Zahl):

Singular	Hund, Haus	Sg.
Plural	Hunde, Häuser	Pl.

Wörter, die nur im Singular oder nur im Plural vorkommen, wie im Deutschen z. B. *Obst*, werden „**Singular-** bzw. **Pluralwörter**" genannt.

1.3 Genus

Folgende Genera (< ***genus, -eris*** *n.* Geschlecht, Gattung) kann ein Nomen haben:

Maskulin(um)	**der** Hund	m.
Feminin(um)	**die** Hündin	f.
Neutrum	**das** Haus	n.

Vorsicht! Schließe niemals vom deutschen Genus auf das lateinische. Hier gibt es oft Abweichungen! Beispiel: ***domus, -ūs f.*** **das** Haus

Man unterscheidet außerdem auch zwischen **grammatikalischem** und **natürlichem** Geschlecht: Das grammatikalische Geschlecht erkennt man in der Regel an der Deklinationszugehörigkeit und deren Nominativendung. Das natürliche Geschlecht orientiert sich an dem realen Geschlecht, besonders bei Menschen:

Beispiel: ***agricola, -ae m.*** Bauer

Als Substantiv der a-Deklination müsste ***agricola*** eigentlich Femininum sein; da das natürliche Geschlecht des Bauern aber Maskulinum ist, hat dies Vorrang. Es wird jedoch genauso wie ein Femininum der a-Deklination dekliniert.

Als Regel kannst du dir merken:

- **Maskulina** sind meistens Bezeichnungen männlicher Personen sowie von Völkern, Flüssen und Winden:

nauta, -ae m.	Seemann	***Gallī, -ōrum m.***	Gallier
Mosella, -ae m.	Mosel	***aquilō, -ōnis m.***	Nordwind

- Bezeichnungen weiblicher Personen sowie von Städten, Ländern und Inseln sind in der Regel **Feminina**:

cīvis, -is f.	Bürgerin	***Corinthus, -ī f.***	Korinth
Aegyptus, -ī f.	Ägypten	***Dēlus, -ī f.***	Delos

1.4 Kongruenz

Gehören Wörter zusammen oder beziehen sie sich aufeinander, stimmen sie in der Form, also in Numerus, Kasus und/oder Genus überein; man spricht von **Kongruenz** (< *congruere* übereinstimmen). Kongruent sind z. B.:

- **Substantiv und Adjektiv**

  Mēns sāna in corpore sānō. In einem gesunden Körper (ist) ein gesunder Geist.
  → Substantiv und zugehöriges Adjektivattribut stehen jeweils im selben Numerus, Genus und Kasus.

  Līberī laetī cantant. Die Kinder singen fröhlich („als fröhliche“).
  → Das Prädikativum richtet sich in seiner Form nach dem Subjekt.

  Domus patris māgna est. Das Haus meines Vaters ist groß.
  → Das Prädikatsnomen richtet sich in Kasus, Numerus und Genus nach dem Subjekt.

- **Substantiv und Pronomen**

  Vīdēsne illam domum? Siehst du jenes Haus dort?
  → Das Pronomen richtet sich in der Form nach seinem Bezugswort.

  Hic est liber meus. Das ist mein Buch.
  → Das Pronomen als Subjekt richtet sich nach dem Prädikatsnomen.

- **Subjekt und Prädikat**

  Puellae vocantur. Die Mädchen werden gerufen.
  → Subjekt und Prädikat stimmen in Numerus und Person überein.

  Puellae vocātae sunt. Die Mädchen wurden gerufen.
  → Subjekt und Prädikat stimmen in Kasus, Numerus, Genus sowie Person überein.

2 Substantive

Substantive sind Worte, die Gegenstände, Lebewesen, Zustände, Orte und vieles mehr bezeichnen, z. B. Hund und Katze, Mann und Frau, Haus und Garten, Angst und Freude usw. Im Unterschied zum Deutschen werden lateinische Substantive – wie alle anderen Wortarten auch – kleingeschrieben, weshalb sie manchmal mit Adjektiven verwechselt werden können. Einzig Eigennamen wie ***Marcus*** oder ***Gallia*** (Gallien) werden großgeschrieben.

Das Lateinische unterscheidet die folgenden fünf Deklinationen:

1. Deklination:	a-Deklination
2. Deklination:	o-Deklination
3. Deklination:	konsonantische Stämme, i-Stämme, Mischklasse
4. Deklination:	u-Deklination
5. Deklination:	e-Deklination

Häufiger wird – mit Ausnahme der 3. Deklination, in der drei Klassen zusammengefasst sind – die Bezeichnung nach dem Stammauslaut verwendet, also a-Deklination usw. Den Wortstamm erhält man, in dem man jeweils die Endung des Genitiv Plural wegstreicht:

Gen. Pl.	Wortstamm	Deklination
amīcā-rum	***amīca-***	a-Deklination
dominō-rum	***domino-***	o-Deklination
rēg-um	***rēg-***	3. Deklination (konsonantische Stämme)
mari-um	***mari-***	3. Deklination (i-Stämme)
urbi-um	***urb(i)-***	3. Deklination (Mischklasse)
domu-um	***domu-***	u-Deklination
rē-rum	***re-***	e-Deklination

Allgemeine Hinweise:

- Bei der Bearbeitung der Unterkapitel gehe wie auf S. 4 empfohlen vor.
- Wähle aus deinem Lateinbuch oder aus einem Wörterbuch ein Substantiv der jeweiligen Deklination aus, das du dir besonders gut einprägen kannst. Dieses Wort soll **dein Symbol für die betreffende Deklination** sein, das du jedes Mal im Geiste deklinierst, wenn du die Form eines anderen Substantivs bestimmst oder die Deklination wiederholst.
- Da die Formen des **Vokativs** immer dem Nominativ entsprechen, wurde er in den Formentabellen der einzelnen Deklinationen nicht mit aufgenommen. Einzige Ausnahme bilden hier die Substantive der o-Deklination auf ***-us*** und ***-ius*** (▶ S. 13).
- **Dativ** und **Ablativ Plural** sind innerhalb einer Deklination immer gleich.
- Die **Neutra** aller Deklinationen haben jeweils im Singular und Plural im Nominativ und Akkusativ dieselben Endungen.

2.1 a-Deklination (1. Deklination)

Die a-Deklination umfasst zahlreiche Substantive, die im Nominativ Singular auf ***-a*** enden. Merkmal dieser Deklination ist der Stammauslaut *-a-*, der in allen Kasus außer im Dativ und Ablativ Plural sichtbar ist.

Beispiel: ***anima, -ae*** *f.* Seele, Atem, Leben

	Singular		Plural	
Nom.	***anima***	die Seele	***animae***	die Seelen
Gen.	***animae***	der Seele	***animārum***	der Seelen
Dat.	***animae***	der Seele	***animīs***	den Seelen
Akk.	***animam***	die Seele	***animās***	die Seelen
Abl.	***animā***	mit der Seele	***animīs***	mit den Seelen

Im Wörterbuch oder Vokabelverzeichnis werden Substantive der a-Deklination immer mit dem Genitiv und dem Genus angegeben:

anima, -ae *f.* Seele, Atem, Leben — ***dea, -ae*** *f.* Göttin

Besonderheiten

- Die meisten Substantive der a-Deklination sind Feminin. Maskulin sind jedoch:

  poēta, -ae *m.* Dichter — ***nauta, -ae*** *m.* Seemann
  agricola, -ae *m.* Bauer — ***incola, -ae*** *m.* Einwohner

- Nur im Plural kommen vor (Pluralwörter):

  dīvitiae, -ārum *f.* Reichtum — ***īnsidiae- ārum*** *f.* Hinterhalt

- Nur als Singularwörter existieren:

  iūstitia, -ae *f.* Gerechtigkeit — ***scientia, -ae*** *f.* Wissen, Kenntnisse

- Manche Substantive haben im Singular eine andere Bedeutung als im Plural:

  cōpia, -ae *f.* Vorrat, Menge — ***cōpiae, -ārum*** *f.* Truppen
  littera, -ae *f.* Buchstabe — ***litterae, -ārum*** *f.* Brief, Wissenschaft

- In einigen Verbindungen sind ältere Formen erhalten:

Gen. Sg.	***pater familiās***	Familienvater
Dat./Abl. Pl.	***dīs et deābus***	(mit) den Göttern und Göttinnen
	filiīs filiābusque	(mit) den Söhnen und Töchtern
Lokativ	***Rōmae***	in Rom (auf die Frage „wo?“)

Und jetzt bist du dran!

1. Setze die folgenden Substantive in den angegebenen Kasus und übersetze.

forma, -ae f.

Dat. Sg. ____________________

Akk. Pl. ____________________

Abl. Sg. ____________________

Gen. Sg. ____________________

amīca, -ae f.

Dat. Pl. ____________________

Nom. Pl. ____________________

Akk. Sg. ____________________

Abl. Pl. ____________________

2. Bestimme Kasus, Numerus und Genus der folgenden Formen.
Achtung: Manchmal gibt es mehrere Lösungen!

familiīs ____________________

dominae ____________________

nautam ____________________

litterārum ____________________

cōpiās ____________________

3. Welche Substantive gehören zur a-Deklination? Unterstreiche sie und bestimme die Form.

diērum – amīcārum – vīllam – puerum – īnsulā – facieī – fīliīs – dōna – hōram

____

____

____

____

4. Setze die Substantive in der passenden Form ein und übersetze.

1. ______________________ ***(poēta, -ae** m.**) versūs scrībunt.***

____

2. ***Caesar*** ______________________ ***(cōpiae, -ārum** f.**) Gallōrum vincit.***

____

3. ______________________ ***(avia, -ae** f.**) vīsitāmus.***

____

4. ***Rōmānī*** ______________________ ***(dea, -ae** f./Pl.**) sacrificant.***

____

5. ***Marcus līberōs*** ______________________ ***(Cornēlia, -ae** f.**) admonet.***

____

2.2 o-Deklination (2. Deklination)

Die o-Deklination ist die zweite große Deklinationsklasse. Merkmal dieser Deklination ist der Stammauslaut ***-o-***, der beispielsweise im Genitiv Plural zu sehen ist. Hierzu gehören Substantive, die im Nominativ Singular auf ***-us*** und ***-er*** enden, sowie die Neutra auf ***-um***.

Substantive auf *-us*

Beispiel: ***amīcus, -ī*** *m.* Freund

	Singular		**Plural**	
Nom.	***amīcus***	der Freund	***amīcī***	die Freunde
Gen.	***amīcī***	des Freundes	***amīcōrum***	der Freunde
Dat.	***amīcō***	dem Freund	***amīcīs***	den Freunden
Akk.	***amīcum***	den Freund	***amīcōs***	die Freunde
Abl.	***amīcō***	mit dem Freund	***amīcīs***	mit den Freunden

Der **Vokativ** wird **nicht** wie in allen anderen Deklinationen wie der Nominativ gebildet, sondern mit der Endung ***-e:***

Salve, amice! Sei gegrüßt, Freund!

Die Substantive auf ***-ius*** haben im Vokativ ***-ī:***

Mī filī! mein Sohn! ***Dīc, Gāī!*** Sprich, Gaius!

Verwechslungsgefahr! Nicht alle Substantive auf *-us* gehören zur o-Deklination, sie können auch zur u-Deklination (▶ S. 21) zählen. Lerne deshalb immer gleich den Genitiv mit – lautes Sprechen hilft dir dabei: „***amīcus, amīcī*** – Maskulinum – Freund" bzw. „***cāsus, cāsūs*** – Maskulinum – Fall, Zufall"

Substantive auf *-er*

Beispiel: ***puer, -ī*** *m.* Junge

	Singular		Plural	
Nom.	***puer***	der Junge	***puerī***	die Jungen
Gen.	***puerī***	des Jungen	***puerōrum***	der Jungen
Dat.	***puerō***	dem Jungen	***puerīs***	den Jungen
Akk.	***puerum***	den Jungen	***puerōs***	die Jungen
Abl.	***puerō***	mit dem Jungen	***puerīs***	mit den Jungen

Die Substantive auf *-er* sind Maskulinum. Bei den meisten Substantiven auf *-er* ist das *-e-* nur im Nominativ Singular vorhanden: ***liber, librī, librō, librum*** (Buch) usw. Wie ***puer*** werden dekliniert:

gener, -erī *m.* Schwiegersohn
vesper, -erī *m.* Abend
socer, -erī *m.* Schwiegervater
līberī, -ōrum *m.* Kinder

Substantive auf *-um*

Beispiel: ***templum, -ī*** *n.* Tempel, Heiligtum

	Singular		Plural	
Nom.	***templum***	der Tempel	***templa***	die Tempel
Gen.	***templī***	des Tempels	***templōrum***	der Tempel
Dat.	***templō***	dem Tempel	***templīs***	den Tempel
Akk.	***templum***	den Tempel	***templa***	die Tempel
Abl.	***templō***	mit dem Tempel	***templīs***	mit den Tempel

Im Wörterbuch findest du Substantive der o-Deklination immer mit dem Genitiv und dem Genus angegeben:

amīcus, -ī *m.* Freund
puer, puerī *m.* Junge, Kind
liber, -brī *m.* Buch
forum, -ī *n.* Forum, Marktplatz

Besonderheiten

Die meisten Substantive der o-Deklination auf ***-us*** und ***-er*** sind Maskulinum. Ausnahmen bilden (siehe hierzu auch S. 8):

Corinthus, -ī f.	Korinth	***Aegyptus, -ī f.***	Ägypten
humus, -ī f.	Boden	***vulgus, -ī n.***	Volk

Pluralwörter sind:

līberī, -ōrum *m.*	Kinder	***arma, -ōrum*** *n.*	Waffen

Unterschiedliche Bedeutung in Singular und Plural haben:

auxilium, -iī *n.*	Hilfe	***auxilia, -ōrum*** *n.*	Hilfstruppen
castrum, -ī *n.*	Kastell	***castra, -ōrum*** *n.*	Lager

Und jetzt bist du dran!

1. Bilde die entsprechenden Formen von *fīlius, -ī m.* zu den angegebenen von *fīlia, -ae f.*

fīlia ______________________ *fīliīs* ______________________

fīliam ______________________ *fīliārum* ______________________

fīliās ______________________ *fīliā* ______________________

fīliae ______________________

2. Bestimme Kasus, Numerus und bilde den Nom. Sg. Achtung: Manchmal gibt es mehrere Lösungen!

tribūnī ______________________

dominō ______________________

librīs ______________________

agrōs ______________________

fora ______________________

3. Suche den „männlichen Partner" im entsprechenden Kasus und übersetze.

puella et ______________ ______________________

dominārum et ______________ ______________________

deās et ______________ ______________________

discipulam et ______________ ______________________

amīcae et ______________ ______________________

2.3 3. Deklination

Die 3. Deklination (auch: gemischte Deklination) umfasst drei verschiedene Typen: die konsonantischen Stämme, die i-Stämme und die Mischklasse, die Merkmale der beiden ersten Typen hat.

Konsonantische Stämme

Zu diesem Typ (auch: konsonantische Deklination) zählen Substantive, deren Wortstamm auf einen Konsonanten endet: z. B. ***lēx, lēgis*** *f.* (Gesetz). Sie unterscheiden sich von den anderen beiden Typen der 3. Deklination, den i-Stämmen und der Mischklasse, im Ablativ Singular ***(-e)***, Genitiv Plural ***(-um)*** und die Neutra zusätzlich im Nominativ bzw. Akkusativ Plural ***(-a)***. Präge dir deshalb die Kennzeichen der konsonantischen Stämme gut ein: ***-e, -um, -a***

Beispiel: ***lēx, lēgis*** *f.* Gesetz

	Singular		Plural	
Nom.	***lēx***	das Gesetz	***lēgēs***	die Gesetze
Gen.	***lēgis***	des Gesetzes	***lēgum***	der Gesetze
Dat.	***lēgī***	dem Gesetz	***lēgibus***	den Gesetzen
Akk.	***lēgem***	das Gesetz	***lēgēs***	die Gesetze
Abl.	***lēge***	mit dem Gesetz	***lēgibus***	mit den Gesetzen

Substantive der konsonantischen Stämme können jedes Genus besitzen: Maskulina und Feminina werden wie das Beispiel dekliniert. Die Neutra der konsonantischen Stämme werden wie folgt dekliniert:

Beispiel: ***opus, -eris*** *n.* Werk, Arbeit

	Singular		Plural	
Nom.	***opus***	das Werk	***opera***	die Werke
Gen.	***operis***	des Werkes	***operum***	der Werke
Dat.	***operī***	dem Werk	***operibus***	den Werken
Akk.	***opus***	das Werk	***opera***	die Werke
Abl.	***opere***	mit dem Werk	***operibus***	mit den Werken

Im Wörterbuch findest du die Substantive der konsonantischen Stämme mit dem Genitiv und dem Genus angegeben. Da man anhand des Nominativs den Wortstamm oft nicht erkennen kann, lerne den Genitiv immer gleich mit!

senex, senis *m.* Greis ***opus, -eris*** *n.* Werk

Besonderheiten

- **Pluralwörter** sind:
  parentēs, -um *m.* Eltern ***maiōrēs, -um*** *m.* Vorfahren
- Wörter mit Wortstammveränderung:
  Iuppiter, Iovis *m.* Jupiter ***iter, itineris*** *n.* Weg

Besondere Formen haben ***bōs, bovis*** *m./f.* Rind und ***vās, vāsis*** *n.* Gefäß:

	Singular	Plural	Singular	Plural
Nom.	***bōs***	***bovēs***	***vās***	***vāsa***
Gen.	***bovis***	***boum***	***vāsis***	***vāsōrum***
Dat.	***bovī***	***būbus/bōbus***	***vāsī***	***vāsīs***
Akk.	***bovem***	***bovēs***	***vās***	***vāsa***
Abl.	***bove***	***būbus/bōbus***	***vāse***	***vāsīs***

i-Stämme

Die i-Stämme (auch: i-Deklination), deren Merkmal der Stammauslaut ***-i-*** darstellt, umfassen nur wenige Substantive. Ihre Kennzeichen sind ***-ī, -ium, -ia***.

Beispiel: ***turris, -is*** *f.* Turm

	Singular		Plural	
Nom.	***turris***	der Turm	***turrēs***	die Türme
Gen.	***turris***	des Turmes	***turrium***	der Türme
Dat.	***turrī***	dem Turm	***turribus***	den Türmen
Akk.	***turrim***	den Turm	***turrēs/-īs***	die Türme
Abl.	***turrī***	mit dem Turm	***turribus***	mit den Türmen

Substantive der i-Stämme, die diesem Deklinationsschema folgen, sind in der Regel Feminina (Ausnahme: ***Tiber, -is*** *m.* Tiber).

Die Neutra, zu denen die Substantive auf ***-ar, -e, -al*** (merke: „Areal“) gehören, werden folgendermaßen dekliniert:

Beispiel: ***animal, -is*** *n.* Tier, Lebewesen

	Singular		Plural	
Nom.	***animal***	das Tier	***animālia***	die Tiere
Gen.	***animālis***	des Tieres	***animālium***	der Tiere
Dat.	***animālī***	dem Tier	***animālibus***	den Tieren
Akk.	***animal***	das Tier	***animālia***	die Tiere
Abl.	***animālī***	mit dem Tier	***animālibus***	mit den Tieren

Zu den i-Stämmen gehören u. a.:

turris, -is *f.* Turm
mare, -is *n.* Meer
sitis, -is *f.* Durst
exemplar, -āris *n.* Muster

Besonderheiten

Das Substantiv ***vīs*** *f.* besitzt weder Genitiv noch Dativ Singular: Akk. Sg. ***vim***, Abl. Sg. ***vī***. Der Plural wird regelmäßig vom Stamm ***vīr-*** gebildet: ***vīrēs, vīrium, vīribus, vīrēs, vīribus.*** Es hat zudem eine unterschiedliche Bedeutung in Singular und Plural:

vīs *f.* Kraft, Gewalt
vīrēs, -ium *f.* Streitkräfte

Mischklasse

Die Mischklasse hat Merkmale der konsonantischen und der i-Stämme: ***-e, -ium, -a***. Diese Substantive stimmen also mit Ausnahme des Genitiv Plurals mit den konsonantischen Stämmen überein.

Beispiel: ***hostis, -is*** *m.* Feind

	Singular		Plural	
Nom.	***hostis***	der Feind	***hostēs***	die Feinde
Gen.	***hostis***	des Feindes	***hostium***	der Feinde
Dat.	***hostī***	dem Feind	***hostibus***	den Feinden
Akk.	***hostem***	den Feind	***hostēs***	die Feinde
Abl.	***hoste***	mit dem Feind	***hostibus***	mit den Feinden

Da die Substantive der Mischklasse jedes Genus besitzen können, empfiehlt es sich nicht nur den Genitiv, sondern auch das Genus gleich mitzulernen! Die Neutra bilden die Formen wie oben beschrieben, mit Ausnahme des Akk. Sg. (= Nom. Sg.) und des Nom. bzw. Akk. Pl., z. B.: ***cor, cordis*** *n.* Herz, Akk. Sg. ***cor***, Nom./Akk. Pl. ***corda***.

Zur Mischklasse gehören:

- die gleichsilbigen Wörter auf ***-is*** und ***-ēs***, z. B.:

nāvis, -is *f.*	Schiff	***clādēs, -is*** *f.*	Niederlage
außer:			
canis, -is *m.*	Hund	***sēdēs, -is*** *f.*	Sitz

- Substantive mit mehr als einem Konsonanten vor der Genitivendung, z. B.:

urbs, urbis *f.*	Stadt	***gēns, gentis*** *f.*	Geschlecht

außer die folgenden Bezeichnungen von Familienmitgliedern:

pater, -tris *m.*	Vater ***(patrum)***	***māter, -tris*** *f.*	Mutter ***(mātrum)***
parentēs, -um *m.*	Eltern		

Besonderheiten

- **Pluralwörter** sind:

forēs, -ium *f.*	Tür(flügel)	***narēs, -ium*** *f.*	Nase

- Eine unterschiedliche Bedeutung in Singular und Plural haben:

aedēs, -is *f.*	Tempel	***aedēs, -ium*** *f.*	Haus
fīnis, -is *m*	Ende, Grenze	***fīnēs, -ium*** *m.*	Gebiet
pars, -rtis *f.*	Teil, Seite	***partēs, -ium*** *f.*	Partei, Rolle

Und jetzt bist du dran!

1. Setze die folgenden Substantive in den angegebenen Kasus und übersetze.

pater, -tris *m.*

Akk. Pl. ______________________________

Abl. Sg. ______________________________

Dat. Pl. ______________________________

regiō, -ōnis *f.*

Dat. Pl. ______________________________

Akk. Sg. ______________________________

Gen. Sg. ______________________________

mare, -is n.

Gen. Pl. ______________________

Abl. Pl. ______________________

Akk. Pl. ______________________

2. Verbinde die Formen von *nāvis, -is* f. und *āēr, -ris* m. mit der passenden Formenbestimmung.

nāvium	Nom. Sg.
nāvī	Akk. Pl.
āerem	Dat. Sg.
nāvis	Abl. Sg.
āere	Gen. Pl.
nāvēs	Akk. Sg.

3. Konsonantische Stämme, i-Stämme oder Mischklasse? Ordne zu und bestimme die Form.

animālia – gentis – itinera – turrim – prīncipibus – aedium – orātōrum – senem – maribus – fīnī – vīrēs – parte

Konsonantische Stämme	i-Stämme	Mischklasse
______	______	______
______	______	______
______	______	______
______	______	______
______	______	______
______	______	______
______	______	______
______	______	______

4. Setze die Substantive in der passenden Form ein und übersetze.

1. ______________________ *(sacerdōs, -dōtis* m.*)* ***deīs sacrificābant.***

____

2. ***Cāve*** ______________________ *(canis, -is* m.*)!*

____

3. ***Studiō et*** ______________________ *(vīs* f.*)* ***hostem vincimus.***

____

4. ______________________ *(vīrēs, -ium* f.*)* ***Rōmānōrum māgnae sunt, quia multās*** ______________________ *(legiō, -ōnis* f.*)* ***habent.***

____

____

5. ***Turba*** ______________________ *(homō, -inis* m.*)* ***in forō*** ______________________ *(urbs, urbis* f.*)* ***est et*** ______________________ *(orātor, -ōris* m.*)* ***audit.***

____

____

2.4 u-Deklination (4. Deklination)

Das Merkmal dieser Deklination ist der Stammauslaut ***-u-***, der in allen Kasus außer Dativ und Ablativ Plural sichtbar ist.

Beispiel: ***passus, -ūs*** *m.* Schritt

	Singular		Plural	
Nom.	***passus***	der Schritt	***passūs***	die Schritte
Gen.	***passūs***	des Schrittes	***passuum***	der Schritte
Dat.	***passuī***	dem Schritt	***passibus***	den Schritten
Akk.	***passum***	den Schritt	***passūs***	die Schritte
Abl.	***passū***	mit dem Schritt	***passibus***	mit den Schritten

Verwechslungsgefahr! Auch die Substantive der o-Deklination enden im Nominativ Singular auf ***-us***. Lerne deshalb den Genitiv Singular dazu, damit du das Substantiv einordnen kannst.

Die Neutra der u-Deklination enden im Nom. Sg. auf ***-ū***:

Beispiel: ***cornū, -ūs*** *n.* Horn

	Singular		Plural	
Nom.	***cornū***	das Horn	***cornua***	die Hörner
Gen.	***cornūs***	des Horns	***cornuum***	der Hörner
Dat.	***cornū***	dem Horn	***cornibus***	den Hörnern
Akk.	***cornū***	das Horn	***cornua***	die Hörner
Abl.	***cornū***	mit dem Horn	***cornibus***	mit den Hörnern

Besonderheiten

- Die Substantive der u-Deklination auf ***-us*** sind in der Regel Maskulina, außer ***domus, -ūs f.*** (Haus), ***manus, -ūs f.*** (Hand) und ***porticus, -ūs f.*** (Säulengang).
- Im Dat. und Abl. Pl. haben folgende Wörter ***-ubus*** statt ***-ibus***:

arcus, -ūs *m.*	Bogen	→	***arcubus***
artus, -ūs *m.*	Gelenk	→	***artubus***
tribus, -ūs *f.*	Bezirk	→	***tribubus***

Besondere Formen hat ***domus, -ūs*** *f.* (Haus): Einige Fälle werden nach der u-Deklination, einige nach der o-Deklination gebildet.

	Singular	Plural
Nom.	***domus***	***domūs***
Gen.	***domūs***	***domōrum/domuum***
Dat.	***domuī***	***domibus***
Akk.	***domum***	***domōs*** (selten ***domūs***)
Abl.	***domō***	***domibus***

Merke: ***domō*** von zu Hause ***domī*** zuhause ***domum*** nach Hause

Und jetzt bist du dran!

1. Setze in den angegebenen Kasus und Numerus.

arcus, -ūs *m.*

Akk. Pl. ______________________________

Abl. Sg. ______________________________

Dat. Pl. ______________________________

2. Bestimme Kasus, Numerus und Genus der folgenden Substantive und übersetze. Achtung: Manchmal gibt es mehrere Lösungen!

exercitūs ______________________

reditui ______________________

exercitū ______________________

reditum ______________________

genua ______________________

exercitibus ______________________

genū ______________________

3. Handelt es sich um ein Substantiv der o- oder der u-Deklination? Ordne zu.

cāsūs – theātrum – fīlius – usuī – lacuum – socium – frūmentum – philosophus – impetū – senātum

o-Deklination	u-Deklination
______________	______________
______________	______________
______________	______________
______________	______________
______________	______________

4. Setze die Substantive in Klammern in der passenden Form ein und übersetze.

1. ***Sonus*** ______________________ ***(cornū, -ūs** n.**) auditur.***

____

2. ***Rōmae multōs*** ______________________ ***(arcus, -ūs** m.**) vīsitāvī.***

____

3. ______________________ ***(exercitus, -ūs** m.**) Rōmānus Gallōs vīcit.***

____

4. ***Pater*** ______________________ ***(domus, -ūs** f.**) amplam ēmit.***

____

2.5 e-Deklination (5. Deklination)

Das Merkmal dieser Deklination ist der Stammauslaut *-e-*, der in allen Kasus sichtbar ist.

Beispiel: ***rēs, -eī*** *f.* Sache, Ding, Angelegenheit

	Singular		Plural	
Nom.	***rēs***	die Sache	***rēs***	die Sachen
Gen.	***reī***	der Sache	***rērum***	der Sachen
Dat.	***reī***	der Sache	***rēbus***	den Sachen
Akk.	***rem***	die Sache	***rēs***	die Sachen
Abl.	***rē***	mit der Sache	***rēbus***	mit den Sachen

Besonderheiten

- Alle Substantive der e-Deklination sind in der Regel Feminina außer ***meridiēs, -ēī*** *m.* (Mittag, Süden) und ***diēs, -ēī*** *m.* (Tag). In der Bedeutung „Termin" ist ***diēs*** jedoch Feminin:

diēs certa	bestimmter Termin	***diēs festus***	Festtag

- Besondere Bedeutungen von ***rēs, -eī*** *f.*:

rēs mīlitāris	das Kriegswesen	***rēs futūrae***	Zukunft
rēs secundae	Glück	***rēs adversae***	Unglück
rēs familiāris	Hauswesen, Vermögen	***rēs gestae***	Taten
rēs Rōmānae	römische Geschichte	***rēs pūblica***	Staat

Und jetzt bist du dran!

1. Bilde die entsprechenden Formen von *rēs, -eī f.* zu den angegebenen von *clādēs, -is f.*

clādium ______________________ ***clādī*** ______________________

clādēs ______________________ ***clādibus*** ______________________

clādem ______________________ ***clādis*** ______________________

2. Bestimme Kasus und Numerus der folgenden Substantive und übersetze.

aciēī ____

fidēs ____

diērum ____

aciem ____

fidē ____

3. Setze die passenden Formen der Substantive ein und übersetze.

1. *Cur* ______________________ *(spēs, -eī f.) abicitis?*

____

2. *Carpe* ______________________ *(diēs, -ēī m.)!*

____

3. *Cōnsulēs magistrātūs* ______________________ *(rēs, -eī f.) pūblicae erant.*

____

4. *Mīlitēs fortiter in* ______________________ *(aciēs, -ēī f.) pūgnavērunt, tum in castra rediērunt.* ______________________

____

2.6 Check-up Substantive

1. Setze folgende Substantive in den angegebenen Kasus und Numerus.

pater, -tris m.	Gen. Pl.	______________________
	Abl. Sg.	______________________
	Nom. Pl.	______________________
meridiēs, -ēī m.	Akk. Sg.	______________________
	Dat. Sg.	______________________
	Abl. Pl.	______________________
dea, -ae f.	Nom. Sg.	______________________
	Akk. Pl.	______________________
	Gen. Sg.	______________________
equus, -ī m.	Dat. Pl.	______________________
	Abl. Sg.	______________________
	Gen. Sg.	______________________
versus, -ūs m.	Akk. Pl.	______________________
	Dat. Sg.	______________________
	Akk. Sg.	______________________

2. Da ist wohl etwas durcheinander geraten!? Verbinde die Substantive mit den richtigen Übersetzungen.

glōriae	die Speisen
templa	das Meer
diēī	mit den Künsten
mare	die Bögen
arcūs	die Tempel
artibus	den Untergang
perniciem	des Ruhmes
fugam	dem Tag
cibī	die Flucht

3. Übersetze die folgenden Sätze. Anschließend bestimme Kasus, Numerus und Genus aller Substantive und bilde deren Nom. Sg. sowie Gen. Sg.

1. *Magistrātūs erat rem pūblicam administrāre.* ______

______

______

______

______

2. *Rōmānī et in rēbus secundīs et in rēbus adversīs reī pūblicae prōdesse studēbant.*

______

______

______

______

3. *Pīrātae audāciā ferōciāque nāvēs et īnsulās opprimēbant.*

______

______

______

______

4. Löse das Kreuzworträtsel, indem du die lateinischen Formen der Substantive in die Kästchen einträgst. Die hellblauen Kästchen ergeben das Lösungswort.

1. Menge → Nom. Pl.
2. Liebe → Nom. Sg.
3. Ausgang → Abl. Sg.
4. Mond →Dat. Pl.
5. Feld → Nom. Sg.
6. Bewegung → Gen. Pl.
7. das Gute → Akk. Sg.
8. Ehefrau → Abl. Sg.
9. Hoffnung → Gen. Sg.

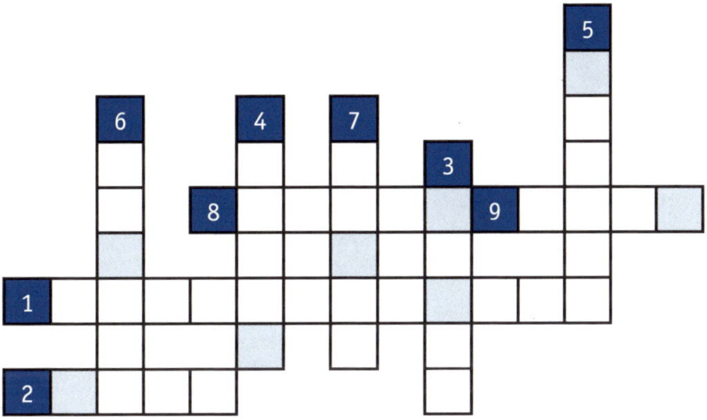

Das gesuchte Wort ist: ______________________________ (Wissen).

5. Diese verflixten mehrdeutigen Endungen! Nenne bei den folgenden Endungen jeweils alle Möglichkeiten, welcher Kasus, Numerus und Genus sowie Deklination sich dahinter verbergen kann, und gib für jede erwähnte Deklination ein Beispiel an.

Endung	Deklination	Form	Beispiel
-us *-ūs*			
-ī			
-ēs			
-a			
-is *-īs*			
-um			

3 Adjektive

Lateinische Adjektive beschreiben – wie Adjektive im Deutschen – Substantive näher: ein **großes** Haus, das **kleine** Kind.

Das Lateinische weist zwei Deklinationsgruppen von Adjektiven auf: Die Adjektive der **a-/o-Deklination** und die der **3. Deklination**, die sich wiederum in **konsonantische** und **i-Stämme** aufteilt.

Adjektive können gesteigert werden, d. h. sie bilden einen **Komparativ** (von ***comparāre*** vergleichen), z. B. „schneller", und einen **Superlativ** (von ***superāre*** übertreffen), z. B. „der schnellste, am schnellsten".

Von den Adjektiven werden zahlreiche **Adverbien** (< ***ad-verbium*** = zum Verb/Wort gehörend) abgeleitet, die eine **verbale** Handlung auf die Frage „wie geschieht etwas?" näher bestimmen: z. B. Sie gehen **schnell**. *(Wie gehen sie? Schnell.)*

Im Gegensatz zu Adjektiven werden Adverbien jedoch nicht dekliniert, sie sind unveränderlich. Sie können jedoch gesteigert werden.

Allgemeine Hinweise:

- Man unterscheidet im Lateinischen **dreiendige** Adjektive, die für alle drei Genera Formen aufweisen, **zweiendige** Adjektive, die für Maskulinum und Femininum eine Form haben und eine gesonderte für das Neutrum, sowie **einendige** Adjektive, die für alle drei Genera nur eine Form haben.
- Adjektive werden in Kasus, Numerus und Genus an das zugehörige Substantiv angeglichen, sie sind mit ihrem Bezugswort **kongruent.**

templa māgna	große Tempel	Nom./Akk. Pl. n.
puellae audācēs	mutige Mädchen	Nom. Pl. f.

- Adjektive können sowohl **attributiv** als auch **prädikativ** gebraucht werden: Als Attribute benennen sie eine Eigenschaft eines Substantivs, als Prädikativa bestimmen sie das Prädikat auf die Frage „als was?" näher, d. h. sie sagen etwas darüber aus, in welchem Zustand eine Person eine Handlung vornimmt:

  Līberī maestī in lūdum eunt.

  attributiv: Die **betrübten** Kinder gehen in die Schule.
  prädikativ: Die Kinder gehen **betrübt** („als betrübte") in die Schule.

  In beiden Fällen richtet sich das Adjektiv in Kasus, Numerus und Genus nach seinem Bezugswort.

3.1 Adjektive der a-/o-Deklination

Die Adjektive der a-/o-Deklination werden wie die Substantive der a- bzw. o-Deklination dekliniert. Zu dieser Gruppe zählen die dreiendigen Adjektive auf ***-us, -a, -um*** sowie die Adjektive auf ***-er, -(e)ra, -(e)rum***.

Adjektive auf *-us, -a, -um*

Beispiel: ***māgnus, -a, -um*** groß, bedeutend

Singular	**m.**	**f.**	**n.**
Nom.	***māgnus***	***māgna***	***māgnum***
Gen.	***māgnī***	***māgnae***	***māgnī***
Dat.	***māgnō***	***māgnae***	***māgnō***
Akk.	***māgnum***	***māgnam***	***māgnum***
Abl.	***māgnō***	***māgnā***	***māgnō***
Plural			
Nom.	***māgnī***	***māgnae***	***māgna***
Gen.	***māgnōrum***	***māgnārum***	***māgnōrum***
Dat.	***māgnīs***	***māgnīs***	***māgnīs***
Akk.	***māgnōs***	***māgnās***	***māgna***
Abl.	***māgnīs***	***māgnīs***	***māgnīs***

Besonderheiten

- Der Vok. Sg. m. hat wie bei den Substantiven (o-Dekl.) eine eigene Form: ***māgne.***
- Das Partizip Perfekt Passiv (PPP), das Partizip Futur Aktiv (PFA), das Gerundium sowie das Gerundivum werden wie die Adjektive der a-/o-Deklination auf ***-us, -a, -um*** dekliniert:

  Beispiel: ***agere, agō, ēgī, āctum*** (be)treiben, (ver)handeln

PPP:	***āctus, ācta, āctum***	PFA:	***āctūrus, āctūra, āctūrum***
Gen. Sg.	***āctī, āctae, āctī*** usw.		***āctūrī, āctūrae, ācturī*** usw.
Gerundium:	***agendī***	Gerundivum:	***agendus, -a, -um***
Dat. Sg.	***agendō*** usw.	Gen. Sg.	***agendī, -ae, -ī*** usw.

Adjektive auf *-er, -(e)ra, -(e)rum*

Diese Adjektive werden dekliniert wie ***māgnus, -a, -um***, mit Ausnahme des Nom. Sg. Nur ein kleiner Teil dieser Gruppe behält das ***-e-*** in allen Kasus, alle anderen haben es nur im Nom./ Vok. Sg. m. Lerne deshalb immer gleich den Nom. f. und n. mit!

In allen Kasus ist das ***-e-*** vorhanden z. B. bei:

līber, lībera, līberum	frei	Gen. Sg. ***līberī, līberae, līberī***
miser, misera, miserum	elend	Gen. Sg. ***miserī, miserae, miserī***

3 Adjektive

Nur im Nom. und Vok. Sg. m. haben *-e-* z. B.:

pulcher, pulchra, pulchrum	schön	Gen. Sg. ***pulchrī, pulchrae, pulchrī***
āter, ātra, ātrum	dunkel	Gen. Sg. ***ātrī, ātrae, ātrī***

Und jetzt bist du dran!

1. Bilde die angegebenen Formen der folgenden Adjektive.

iūstus, -a, -um

Gen. Pl. f. ______

Abl. Sg. n. ______

Dat. Sg. f. ______

Akk. Pl. m. ______

dīvīnus, -a, -um

Akk. Sg. m. ______

Nom. Pl. n. ______

Gen. Sg. m. ______

Abl. Pl. f. ______

2. Bestimme Kasus, Numerus und Genus der folgenden Adjektive. Manchmal sind mehrere Lösungen möglich!

fīda	______	***iūstum***	______
lōngī	______	***dīvīnae***	______
pulchrā	______	***asperārum***	______
līberōrum	______	***parvō***	______
miserīs	______	***bonās***	______

3. Gleiche das Adjektiv *malus, -a, -um* an das jeweilige Substantiv in Kasus, Numerus und Genus an und übersetze. Manchmal gibt es mehrere Möglichkeiten!

amīcae mal ______ ______

imperātōrum mal ______ ______

dominīs mal ______ ______

rēs mal ______ ______

3.2 Adjektive der 3. Deklination

Neben den Adjektiven der a-/o-Deklination gibt es auch Adjektive der 3. Deklination. Sie teilen sich in konsonantische und i-Stämme auf.

Konsonantische Stämme

Nur einige wenige Adjektive zählen zu den konsonantischen Stämmen. Es handelt sich dabei um einendige Adjektive. Ihre Kennzeichen sind wie bei den Substantiven dieses Typs der Abl. Sg., der Gen. Pl. und im Neutrum der Nom./Akk. Pl.: ***-e, -um, -a***

Beispiel: ***pauper, -eris*** arm

Singular	m.	f.	n.
Nom.	***pauper***	***pauper***	***pauper***
Gen.	***pauperis***	***pauperis***	***pauperis***
Dat.	***pauperī***	***pauperī***	***pauperī***
Akk.	***pauperem***	***pauperem***	***pauper***
Abl.	***paupere***	***paupere***	***paupere***
Plural			
Nom.	***pauperēs***	***pauperēs***	***paupera***
Gen.	***pauperum***	***pauperum***	***pauperum***
Dat.	***pauperibus***	***pauperibus***	***pauperibus***
Akk.	***pauperēs***	***pauperēs***	***paupera***
Abl.	***pauperibus***	***pauperibus***	***pauperibus***

Im Wörterbuch werden Adjektive der konsonantischen Stämme immer mit dem Genitiv Singular angegeben:

pauper, -eris	arm	***dīves, -itis***	reich
vetus, -eris	alt	***particeps, -cipis***	teilnehmend
prīnceps, -ipis	erster	***superstes, -stitis***	überlebend

i-Stämme

Grundsätzlich gehören bis auf wenige Ausnahmen, die zu den konsonantischen Stämmen zählen, alle Adjektive der 3. Deklination zu den i-Stämmen. Kennzeichen der i-Stämme sind wie bei den Substantiven: ***-ī, -ium, -ia***. Im Unterschied zu den Substantiven hat der Akk. Sg. m./f. jedoch die Endung ***-em*** statt ***-im***.

Die Adjektive der i-Stämme sehen aber nicht alle gleich aus. Man unterscheidet drei Gruppen:

dreiendige Adjektive	zweiendige Adjektive	einendige Adjektive
celer, celeris, celere berühmt, belebt	***fortis, fortis, forte*** tapfer, stark	***fēlīx, fēlīx, fēlīx*** glücklich
equus celer das schnelle Pferd	***mīlēs fortis*** der tapfere Soldat	***vir fēlīx*** der glückliche Mann
nāvis celeris das schnelle Schiff	***fēmina fortis*** die tapfere Frau	***fēmina fēlīx*** die glückliche Frau
tēlum celere das schnelle Wurfgeschoss	***animal forte*** das tapfere Lebewesen	***ōmen fēlīx*** das glückliche Vorzeichen

Beispiel: ***celer,-is, -e*** schnell

Singular	m.	f.	n.
Nom.	***celer***	***celeris***	***celere***
Gen.	***celeris***	***celeris***	***celeris***
Dat.	***celerī***	***celerī***	***celerī***
Akk.	***celerem***	***celerem***	***celere***
Abl.	***celerī***	***celerī***	***celerī***
Plural			
Nom.	***celerēs***	***celerēs***	***celeria***
Gen.	***celerium***	***celerium***	***celerium***
Dat.	***celeribus***	***celeribus***	***celeribus***
Akk.	***celerēs***	***celerēs***	***celeria***
Abl.	***celeribus***	***celeribus***	***celeribus***

Beispiel: ***fortis, -e*** tapfer

Singular	m.	f.	n.
Nom.	***fortis***	***fortis***	***forte***
Gen.	***fortis***	***fortis***	***fortis***
Dat.	***fortī***	***fortī***	***fortī***
Akk.	***fortem***	***fortem***	***forte***
Abl.	***fortī***	***fortī***	***fortī***
Plural			
Nom.	***fortēs***	***fortēs***	***fortia***
Gen.	***fortium***	***fortium***	***fortium***
Dat.	***fortibus***	***fortibus***	***fortibus***
Akk.	***fortēs***	***fortēs***	***fortia***
Abl.	***fortibus***	***fortibus***	***fortibus***

Beispiel: ***fēlīx, -icis*** glücklich

Singular	m.	f.	n.
Nom.	***fēlīx***	***fēlīx***	***fēlīx***
Gen.	***fēlicis***	***fēlicis***	***fēlicis***
Dat.	***fēlicī***	***fēlicī***	***fēlicī***
Akk.	***fēlicem***	***fēlicem***	***fēlīx***
Abl.	***fēlicī***	***fēlicī***	***fēlicī***
Plural			
Nom.	***fēlicēs***	***fēlicēs***	***fēlicia***
Gen.	***fēlicium***	***fēlicium***	***fēlicium***
Dat.	***fēlicibus***	***fēlicibus***	***fēlicibus***
Akk.	***fēlicēs***	***fēlicēs***	***fēlicia***
Abl.	***fēlicibus***	***fēlicibus***	***fēlicibus***

3 Adjektive

Im Wörterbuch werden Adjektive der i-Stämme wie folgt angegeben:

dreiendig (Nom Sg. m./f./n.):	***ācer, ācris, ācre***	scharf	***celer, -is, -e***	schnell
zweiendig (Nom. Sg. m./n.):	***facilis, -e***	leicht	***fortis, -e***	tapfer
einendig (+ Gen. Sg.)	***fēlīx, -icis***	glücklich	***prūdēns, -ntis***	klug

Besonderheiten

Das **einendige** Partizip Präsens Aktiv (PPA) wird wie die i-Stämme dekliniert. Beispiel: ***agere, agō, ēgī, āctum*** treiben, handeln → PPA: ***agēns***, Gen. Sg. ***agentis*** usw. Wird das PPA wie ein Adjektiv verwendet, folgt es diesem Deklinationsschema: ***ab excellentī ōrātōre*** (von einem hervorragenden Redner). Als Verbaladjektiv gebraucht endet der Abl. Sg. jedoch auf ***-e***: ***excellente ōrātōre*** (während der Redner sich auszeichnete).

Und jetzt bist du dran!

1. Setze *prīnceps, -cipis* in den angegebenen Kasus, Numerus und Genus.

Gen. Pl. f. ____________________

Nom. Pl. n. ____________________

Dat. Sg. f. ____________________

Akk. Pl. m. ____________________

Dat. Pl. m. ____________________

2. Gleiche das Adjektiv *vetus, -eris* an die Substantive an und bestimme Kasus, Numerus und Genus. Manchmal sind mehrere Lösungen möglich!

senātōrī vet __________ __________

aedificia vet __________ __________

templōrum vet __________ __________

urbem vet __________ __________

mōrēs vet __________ __________

3. Füge die passenden Formen der Adjektive ein und übersetze.

1. ***Mīlitēs Rōmānī*** __________ ***(fortis, -e) fuērunt.***

____

2. ***Līberī magistrō*** __________ ***(sapiēns, -ntis) parent.***

____

3. ***Gladiātōrēs cum bestiīs*** __________ ***(immānis, -e) pūgnāvērunt.*** __________

4. *Magister discipulīs rem* ______________________________ *(difficilis, -e)* *explicat.* ______________________________

5. *Vīta cīvium* ______________________________ *(dīves, -itis)* ______________________________ *(facilis, -e) erat.*

____

3.3 Komparation des Adjektivs

Die Komparation dient dazu, Vergleiche anzustellen: Eine Tätigkeit, ein Lebewesen oder Gegenstand wird in einer Eigenschaft mit anderen verglichen oder stärker betont, z. B.:

der kleine Stuhl → der kleinere Stuhl → der kleinste Stuhl bzw.
Der Stuhl ist klein. → Der Stuhl ist kleiner. → Der Stuhl ist am kleinsten.

Wie im Deutschen werden diese Stufen folgendermaßen benannt:

Grundstufe: der kleine Stuhl → **Positiv**
1. Steigerungsstufe: der kleinere Stuhl → **Komparativ**
2. Steigerungsstufe: der kleinste Stuhl → **Superlativ**

Auch die Steigerungsformen der Adjektive werden dekliniert und an Substantive in Kasus, Numerus und Genus angeglichen: Die Kongruenz muss also beachtet werden.

Man unterscheidet die **regelmäßige Komparation**, der fast alle Adjektive folgen, von der **unregelmäßigen Komparation** (▶ S. 38) einiger weniger Adjektive.

Komparativ

Für den regelmäßig gebildeten Komparativ wird an den Wortstamm des Adjektivs im Feminin und Maskulin die Endung *-ior* und im Neutrum *-ius* angehängt.

Positiv	Gen. Sg.	Wortstamm	Komparativ
altus hoch, tief	***altī***	***alt-***	***altior, -ius*** höher, tiefer
pulcher schön	***pulchrī***	***pulchr-***	***pulchrior, -ius*** schöner
prūdēns klug	***prūdentis***	***prūdent-***	***prūdentior, -ius*** klüger
fortis tapfer	***fortis***	***fort-***	***fortior, -ius*** tapferer
celer schnell	***celeris***	***celer-***	***celerior, -ius*** schneller

Der Komparativ wird wie die Adjektive der konsonantischen Stämme (3. Deklination) dekliniert. Aufgepasst: Alle Adjektive folgen im Komparativ dieser Deklination, egal welcher Deklination sie im Positiv angehören!

Beispiel: ***altus, -a, -um*** hoch, tief → ***altior, -ius*** höher, tiefer

Singular	m.	f.	n.
Nom.	***altior***	***altior***	***altius***
Gen.	***altiōris***	***altiōris***	***altiōris***
Dat.	***altiōrī***	***altiōrī***	***altiōrī***
Akk.	***altiōrem***	***altiōrem***	***altius***
Abl.	***altiōre***	***altiōre***	***altiōre***
Plural			
Nom.	***altiōrēs***	***altiōrēs***	***altiōra***
Gen.	***altiōrum***	***altiōrum***	***altiōrum***
Dat.	***altiōribus***	***altiōribus***	***altiōribus***
Akk.	***altiōrēs***	***altiōrēs***	***altiōra***
Abl.	***altiōribus***	***altiōribus***	***altiōribus***

Zum Gebrauch des Komparativs

1. Der Komparativ kann zum direkten Vergleich verwendet werden. Er zieht dann einen Vergleichsgegenstand nach sich, der mit ***quam*** (als) angeschlossen wird. Im Deutschen übersetzt man ebenfalls mit einem Komparativ.

Haec turris altior quam illa est. Dieser Turm hier ist höher als jener dort.

Anstelle von ***quam*** kann das zu vergleichende Substantiv auch im Ablativ stehen, der in dieser Funktion ***Ablativus comparationis*** heißt: ***Haec turris altior illā est.***

2. Der Komparativ wird auch alleine, ohne einen Vergleich, verwendet. In diesem Fall übersetzt du am besten mit „recht, ziemlich, sehr":

Mōns altior est. Der Berg ist ziemlich hoch.

Superlativ

Zur Bildung des Superlativs wird an den Wortstamm der meisten Adjektive die Endung ***-issimus, -issima, -issimum*** gehängt.

Positiv	Wortstamm	Superlativ
altus, -a, -um hoch, tief	***alt-***	***altissimus, -a, -um*** höchster, tiefster
gravis, -e schwer	***grav-***	***gravissimus, -a, -um*** schwerster
prūdēns, -ntis klug	***prūdent-***	***prūdentissimus, -a, -um*** klügster

Die Adjektive auf ***-er*** (a-/o-Deklination und konsonantische Stämme) bilden den Superlativ jedoch mit ***-rimus, -rima, -rimum***. Bei den Adjektiven auf ***-lis*** wird an den Wortstamm ***-limus, -lima, -limum*** angefügt.

Positiv	Wortstamm	Superlativ
asper, -era, -erum rau	***asper-***	***asperrimus, -a, -um*** rauster
ācer, -cris, -cre scharf	***ācer-***	***ācerrimus, -a, -um*** schärfster
facilis, -e leicht	***facil-***	***facillimus, -a, -um*** leichtester

Der Superlativ **aller** Adjektive wird nach der a-/o-Deklination dekliniert.

Singular	m.	f.	n.
Nom.	***altissimus***	***altissima***	***altissimum***
Gen.	***altissimī***	***altissimae***	***altissimī***
Dat.	***altissimō***	***altissimae***	***altissimō***
Akk.	***altissimum***	***altissimam***	***altissimum***
Abl.	***altissimō***	***altissimā***	***altissimō***
Plural			
Nom.	***altissimī***	***altissimae***	***altissima***
Gen.	***altissimōrum***	***altissimārum***	***altissimōrum***
Dat.	***altissimīs***	***altissimīs***	***altissimīs***
Akk.	***altissimōs***	***altissimās***	***altissima***
Abl.	***altissimīs***	***altissimīs***	***altissimīs***

Zum Gebrauch des Superlativs

Der Superlativ kann als höchste Steigerungsform, also als Superlativ im eigentlichen Sinne, verwendet werden. Im Deutschen übersetzt du auch mit einem Superlativ:
altissimus, -a, -um höchster, tiefster

Wird die Form des Superlativs jedoch verwendet, um etwas hervorzuheben oder den hohen Grad einer Eigenschaft auszudrücken, musst du mit „sehr", „äußerst", „ganz" usw. übersetzen:
altissimus, -a, -um sehr (äußerst, ganz, überaus) hoch, tief
In dieser Funktion heißt er **Elativ.**

Welche Übersetzung passend ist, musst du aus dem Zusammenhang entscheiden:
aedificium altissimum das höchste Bauwerk *oder* ein sehr hohes Bauwerk

Unregelmäßige Komparation

Einige Adjektive bilden Komparativ und Superlativ von einem anderen Stamm. Präge dir diese Formen gut ein!

Positiv	Komparativ	Superlativ
bonus, -a, -um gut	***melior, -ius*** besser	***optimus, -a, -um*** bester
malus, -a, -um schlecht	***pēior, -ius*** schlechter	***pessimus, -a, -um*** schlechtester
māgnus, -a, -um groß	***māior, -ius*** größer	***māximus, -a, -um*** größter
parvus, -a, -um klein	***minor, -us*** kleiner	***minimus, -a, -um*** kleinster
multī, -ae, -a viele	***plūrēs, -a*** mehr	***plūrimī, -ae, -a*** die meisten

Und jetzt bist du dran!

1. Setze folgende Paare in den Komparativ und übersetze.

avem celerem ______________________________

mīlitēs fortēs ______________________________

natiōnis līberae ______________________________

domus alta ______________________________

magistrīs sevērīs ______________________________

2. Setze folgende Paare in den Superlativ und übersetze.

avibus celeribus ______________________________

mīlitem fortem ______________________________

natiōne līberā ______________________________

domuī altae ______________________________

magistrī sevērī ______________________________

3. Setze folgende Paare erst in den Komparativ, dann in den Superlativ.

amīcum bonum ______________________________

templa parva ______________________________

hominum multōrum ______________________________

3.4 Adverbien

Von den Adjektiven der a-/o-Deklination wird das Adverb gebildet, indem an den Stamm des Wortes die Endung ***-ē*** gehängt wird. Es ist unveränderlich.

Beispiele:	***studiōsus, -a, -um***	→	***studiōsē labōrāre*** eifrig arbeiten
aber:	***bonus, -a, -um*** gut	→	***bene*** gut
	alius, -a, -um ein anderer	→	***aliter*** anders

An den Stamm der Adjektive der 3. Deklination wird die Endung ***-iter*** angehängt. Bei Adjektiven, deren Stamm auf ***-nt*** endet, folgt nur ***-er***:

Beispiel:	***cīvīlis, -e***	→	***cīvīliter dīcere*** öffentlich sprechen
	prūdēns, -ntis	→	***prūdenter regere*** klug regieren
aber:	***facilis, -e***	→	***facile*** leicht
	difficilis, -e	→	***difficulter*** schwierig
	audax, -cis	→	***audacter*** mutig, kühn

Das Lateinische verfügt über eine Vielzahl an weiteren Adverbien (z. B. ***frustrā*** vergeblich, ***diū*** lange, ***citō*** schnell, ***subitō*** plötzlich usw.), die du am besten mit deinen Vokabeln mitlernst.

Komparation des Adverbs

Als Komparativ des Adverbs dient der Nom./Akk. Sg. n. des Komparativs des Adjektivs: ***-ius***. Das Adverb ist auch im Komparativ unveränderlich.

studiōsē eifrig → ***studiōsius*** eifriger   ***pulchrē*** schön → ***pulchrius*** schöner

Im Superlativ erhält das Adverb die Endung ***-issimē, -rimē*** oder ***-limē***, je nach Ende des Wortstamms.

studiōsē eifrig → ***studiōsissimē*** am eifrigsten
celeriter schnell → ***celerrimē*** am schnellsten
facile leicht → ***facillimē*** am leichtesten

Und jetzt bist du dran!

1. Bilde von den folgenden Adjektiven das Adverb.

similis, -e ______________________

bonus, -a, -um ______________________

miser, -era, -erum ______________________

fēlīx, -icis ______________________

sapiens, -ntis ______________________

2. Ergänze die fehlenden Formen in der Steigerungsreihe.

Positiv	Komparativ	Superlativ
iūstē	___	___
___	*fortius*	___
___	___	*pulcherrimē*
ācriter	___	___

3.5 Check-up Adjektive

1. Bilde die angegebenen Formen der folgenden Adjektive.

lōngus, -a, -um

Gen. Pl. m. ______________________

Abl. Sg. f. ______________________

gravis, -e

Akk. Sg. n. ______________________

Abl. Pl. m. ______________________

asper, -era, -erum

Akk. Pl. f. ______________________

Gen. Sg. m. ______________________

pauper, -eris

Dat. Pl. n. ______________________

Gen. Pl. m. ______________________

fēlīx, -icis

Akk. Pl. f. ______________________

Dat. Sg. m. ______________________

2. Positiv, Komparativ oder Superlativ? Bringe Ordnung in dieses Wirrwarr und ergänze die fehlenden Formen. Achte dabei auf Kasus, Numerus und Genus!

brevissimus – māgna – dissimilēs – noviōrem – parcōrum – brevis – māxima – parcissimōrum – novum – dissimillimae

Positiv	Komparativ	Superlativ
__________	__________	__________
__________	__________	__________
__________	__________	__________
__________	__________	__________
__________	__________	__________

3. Dieses verflixte *-e*! Handelt es sich bei den folgenden Worten um Adjektive oder Adverbien?

simile – turpissimē – hūmānē – vetere – ignarē – humillimē – patientiōre – familiāre – antiquissimē

Adverbien: ____________________

____

Adjektive: ____________________

____

4. Bilde sinnvolle Paare, indem du an jedes der angegebenen Substantive eines der drei Adjektive angleichst. Übersetze jedes gebildete Pärchen.

potēns, -ntis – pulcher, -chra, -chrum – parvus, -a, -um

lēgātī ____________________

iuvenem ____________________

dōna ____________________

rēbus ____________________

imperātōrēs ____________________

pars ____________________

magistrātuī ____________________

fābulārum ____________________

rēge ____________________

5. Löse das Kreuzworträtsel, indem du die lateinischen Formen der Adjektive in die Kästchen einträgst. Die Buchstaben in den hellblauen Kästchen ergeben das Lösungswort.

1. unsicher → Gen. Sg. f.
2. feindlich → Akk. Pl. m.
3. tapfer → Akk. Sg. n.
4. militärisch → Abl. Sg. m.
5. falsch → Komparativ: Dat. Sg. f.
6. leicht → Gen. Pl. m.
7. nützlich → Nom. Sg. f.

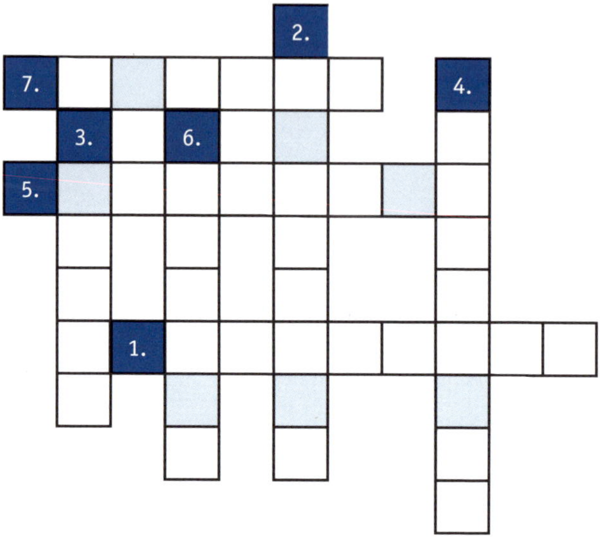

Das gesuchte Wort ist: ______________________________ (Schicksal, Glück).

6. Übersetze die folgenden Sätze.

1. ***Caesar clārior quam Crassus erat.***

____

2. ***Legiō Rōmāna plūrium mīlitum quam cohors est.***

____

3. ***Vīlla avī antiquior pulchriorque quam illa vicīnī est.***

____

4. ***Agricolae līberiōrēs et fēlīciōrēs fuērunt quam servī, quī durissimē labōrāvērunt.***

____

5. ***Mox aedificia māxima celeriter aedificābuntur.***

____

4 Pronomina

Pronomina können entweder ein Substantiv ersetzen (< ***prō nōmine*** anstelle eines Nomens) oder ein Substantiv begleiten. Man spricht hier von

substantivischer bzw.	**adjektivischer Verwendung:**
Jener rennt die Straße entlang.	Siehst du **jene** Leute dort?

Das Lateinische verfügt über folgende Arten von Pronomina:

Personalpronomina	***tū***	du
Reflexivpronomina	***sē***	sich
Possessivpronomina	***meus, tuus***	mein, dein
Demonstrativpronomina	***hic, ille***	dieser, jener
Relativpronomina	***quī, quae, quod***	der, die, das
Interrogativpronomina	***quis?***	wer?
Indefinitpronomina	***aliquis***	irgendeiner
Pronominaladjektive	***alius***	ein anderer
Korrelativpronomina	***tantus***	so groß

Allgemeine Hinweise

- Die Formen der Pronomina werden meist nach der a-/o-Deklination gebildet; viele haben jedoch im Gen. und Dat. Sg. aller Genera davon abweichende Formen, einige auch im Nom. und Akk. Sg. n.:

Gen. Sg. m./f./n.	***-īus***	Nom./Akk. Sg. n.	***-d***
Dat. Sg. m./f./n.	***-ī***		

  Wie ein Pronomen jeweils dekliniert wird, erfährst du im entsprechenden Kapitel.

- In den folgenden Unterkapiteln sind Pronomina, die Gemeinsamkeiten aufweisen, zusammengefasst, da das Lernen in Zusammenhängen leichterfällt:

  4.1 Personal- und Possessivpronomina
  4.2 Demonstrativpronomina
  4.3 Relativ- und Interrogativpronomina
  4.4 Indefinitpronomina und Pronominaladjektive
  4.5 Korrelativpronomina

4 Pronomina

4.1 Personal- und Possessivpronomina

Lateinische Personal- (***egō*** ich, ***tū*** du, ...) und Possessivpronomina (***meus, -a, -um*** mein, ***tuus, -a, -um*** dein, ...) haben gemeinsam, dass sie in der 3. Person zwischen **reflexiven** und **nicht-reflexiven** Formen unterscheiden, d. h. es kommt darauf an, ob sich das Pronomen auf das Subjekt rückbezieht oder nicht.

Personalpronomen:

Marcus eum laudat. — Markus lobt ihn.

→ Mit ***eum*** ist nicht Markus gemeint, sondern eine andere Person (nicht-reflexiv).

Marcus sē laudat. — Markus lobt sich.

→ Mit ***sē*** ist Markus selbst gemeint (reflexiv).

Possessivpronomen:

Marcus amīcōs eius vocat. — Markus ruft seine (dessen) Freunde.

→ Mit ***amīcōs eius*** sind die Freunde einer anderen Person gemeint (nicht-reflexiv).

Marcus amīcōs suōs vocat. — Markus ruft seine Freunde.

→ Mit ***amīcōs suōs*** sind Markus' eigene Freunde gemeint (reflexiv).

Personalpronomina

Die Personalpronomina ersetzen Substantive (Personen oder Dinge); sie haben für alle drei Genera eine Form.

Singular	1. Person		2. Person	
Nom.	***egō***	ich	***tū***	du
Gen.	***meī***	meiner	***tuī***	deiner
Dat.	***mihī***	mir	***tibī***	dir
Akk.	***mē***	mich	***tē***	dich
Abl.	***ā mē (mēcum)***	von (mit) mir	***ā tē (tēcum)***	von (mit) dir
Plural				
Nom.	***nōs***	wir	***vōs***	ihr
Gen.	***nostrī**** ***nostrum****	unser	***vestrī**** ***vestrum****	euer
Dat.	***nōbīs***	uns	***vōbīs***	euch
Akk.	***nōs***	uns	***vōs***	euch
Abl.	***ā nōbīs (nōbīscum)***	von (mit) uns	***ā vōbīs (vōbīscum)***	von (mit) euch

*Bei den Genitiven von ***nōs*** und ***vōs*** unterscheidet man:

Genitivus obiectivus (Objektgenitiv):	***fidēs vestrī*** ***fidēs nostrī***	Glaube **an** uns Vertrauen **zu** euch
Genitivus partitivus (Teilungsgenitiv):	***ūnus vestrum*** ***duo nostrum***	einer **von** euch zwei **von** uns

Während bei den Formen der 1. und 2. Person nicht zwischen reflexiv und nicht-reflexiv unterschieden wird, hat die 3. Person eine eigene **reflexive** Form:

Singular/Plural	3. Person reflexive Form	
Nom.	–	–
Gen.	***suī***	seiner/ihrer
Dat.	***sibī***	sich
Akk.	***sē***	sich
Abl.	***ā sē (sēcum)***	von sich (mit sich)

Als **nicht-reflexives Personalpronomen** der 3. Person dienen die Formen von ***is, ea, id*** (▶ S. 49).

Unterscheide:

Claudia eam (mātrem) amat.	Claudia liebt sie (ihre Mutter).
Claudia solum sē amat.	Claudia liebt nur sich (selbst).

Zum Gebrauch der Personalpronomina

1. Personalpronomina beziehen sich in ihrer Form nicht auf bestimmte Worte in einem Satz, aber auf ihre Funktion: also Akk. als Akkusativobjekt, Nom. als Subjekt usw. In Genus und Numerus sind sie kongruent zu dem Substantiv, das sie ersetzen.

Gāius Marcum clāmat.	Gaius ruft Markus.
Marcus autem eum nōn audit.	Markus hört ihn jedoch nicht.

2. Normalerweise werden Personalpronomina nicht im Nominativ verwendet, da die Person in der Verbalendung enthalten ist. Sie stehen nur, wenn etwas besonders betont oder ein Gegensatz ausgedrückt werden soll:

Egō epistulam scrīpsī,	Ich habe den Brief geschrieben,
tū autem nihil fēcistī.	du hingegen hast nichts getan.

Possessivpronomina

Die Possessivpronomina (< ***possidēre*** besitzen) geben ein Besitzverhältnis an. Sie richten sich nach ihrem Bezugswort und werden regelmäßig nach der a-/o-Deklination dekliniert.

	Singular		Plural	
1. Person	***meus, -a, -um***	mein	***noster, -tra, -trum***	unser
2. Person	***tuus, -a, -um***	dein	***vester, -tra, -trum***	euer
3. Person	***suus, -a, -um***	sein/ihr	***suus, -a, -um***	ihr

Die Formen von ***suus, -a,*** *-um* werden nur reflexiv verwendet. Als nicht-reflexive Possessivpronomina der 3. Person werden die Genitivformen von ***is, ea, id*** (▶ S. 49) verwendet: Sg. ***eius*** sein/ihr, Pl. ***eōrum, eārum, eōrum*** ihr.

Unterscheide:

Rūfus avum eius (Gāī) vīsitat.	Rufus besucht seinen (Gaius') Großvater.
Rūfus avum suum vīsitat.	Rufus besucht seinen (eigenen) Großvater.

Und jetzt bist du dran!

1. Setze das Personalpronomen in Klammern im angegebenen Kasus ein und übersetze.

1. ***Dōnum*** ______________________ ***(tū,*** *Dat.**)*** ***dō.***

____

2. ***Līberī*** ______________________ ***(cum/egō,*** *Abl.**)*** ***lūdunt.***

____

3. ***Gāius*** ______________________ ***(vōs,*** *Akk.**)*** ***exspectat.***

____

4. ***Mox*** ______________________ ***(nōs,*** *Akk.**)*** ***adiuvābitis.***

____

5. ______________________ ***(nōs,*** *Dat.**)*** ***otiōsīs esse licet.***

____

2. Gleiche die Possessivpronomina an die angegebenen Substantive an und übersetze. Manchmal sind mehrere Lösungen möglich!

1. ______________________________ *(noster, -tra, -trum) agrīs*

____

2. ______________________________ *(meus, -a, -um) domūs*

____

3. ______________________________ *(suus, -a, -um) epistulae*

____

4. ______________________________ *(vester, -tra, -trum) canem*

____

5. ______________________________ *(tuus, -a, -um) speī*

____

4.2 Demonstrativpronomina

Die Demonstrativpronomina (< ***dēmōnstrāre*** zeigen) können vielseitig verwendet werden und weisen generell auf Gegenstände, Lebewesen, Zustände und Tätigkeiten hin:
diese Kinder, **jene** Kinder, **dasselbe** Buch

Das Lateinische verfügt über mehrere Demonstrativpronomina, die meist abhängig von der Entfernung zum Sprecher verwendet werden. Die meisten können sowohl alleine stehen (substantivische Verwendung) als auch wie ein Adjektiv ein Substantiv begleiten (adjektivische Verwendung). Allen gemeinsam ist der Gen. Sg. auf ***-ius*** und der Dat. Sg. auf ***-ī***.

Die Demonstrativpronomina im Überblick

Pronomen	Verwendungsbereich	Beispiel
hic, haec, hoc dieser, diese, dieses (hier)	Bereich der sprechenden Person	***Hic liber Corneliae est.*** Dieses Buch hier gehört Cornelia.
ille, illa, illud jener, jene, jenes	1. Bereich des Entfernteren 2. Zur Bezeichnung von Berühmtem oder allgemein Bekanntem	1. ***Ille liber Claudiī est.*** Jenes Buch gehört Claudius. 2. ***illud Socratis*** jener (bekannte) Ausspuch von Sokrates
iste, ista, istud dieser, diese, dieses (da)	Bereich des Angesprochenen; oft mit verächtlichem Beigeschmack	***istae litterae*** dein Brief da ***iste vir*** dieser (schlechte) Mann da
is, ea, id dieser, diese, dieses	1. Verweis auf bereits Genanntes oder Folgendes 2. nicht-reflexives Personalpronomen der 3. Person (▶ S. 49)	1. ***is vir*** dieser Mann ***ea fama*** diese Kunde 2. ***Eōs invitāvī.*** Ich habe sie eingeladen.

Pronomen	Verwendungsbereich	Beispiel
ipse, ipsa, ipsum selbst	Zur besonderen Betonung (Übersetzung: „gerade“, „selbst“, „persönlich“)	***Ipse hoc dīxit.*** Er selbst/persönlich hat das gesagt.
īdem, eadem, idem der-, die-, dasselbe	Für eine neue oder gegensätzliche Aussage über denselben Begriff	***Claudius semper eadem verba dīcit.*** Claudius sagt immer dasselbe.

Das Demonstrativum ***hic, haec, hoc*** hat folgende Formen:

	Singular			Plural		
	m.	f.	n.	m.	f.	n.
Nom.	***hic***	***haec***	***hoc***	***hī***	***hae***	***haec***
Gen.	***huius***	***huius***	***huius***	***hōrum***	***hārum***	***hōrum***
Dat.	***huic***	***huic***	***huic***	***hīs***	***hīs***	***hīs***
Akk.	***hunc***	***hanc***	***hoc***	***hōs***	***hās***	***haec***
Abl.	***hōc***	***hāc***	***hōc***	***hīs***	***hīs***	***hīs***

Beachte: Im Gen. Sg. sowie im gesamten Plural entfällt ***-c***, das ursprünglich aus dem hinweisenden ***-ce*** (hier) entstanden ist.

Das Demonstrativpronomen ***ille, illa, illud*** wird wie folgt dekliniert:

	Singular			Plural		
	m.	f.	n.	m.	f.	n.
Nom.	***ille***	***illa***	***illud***	***illī***	***illae***	***illa***
Gen.	***illīus***	***illīus***	***illīus***	***illōrum***	***illārum***	***illōrum***
Dat.	***illī***	***illī***	***illī***	***illīs***	***illīs***	***illīs***
Akk.	***illum***	***illam***	***illud***	***illōs***	***illās***	***illa***
Abl.	***illō***	***illā***	***illō***	***illīs***	***illīs***	***illīs***

Wie ***ille, illa, illud*** werden auch ***iste, ista, istud*** (der dort) und ***ipse, ipsa, ipsum*** (selbst) dekliniert, mit Ausnahme des Nom. und Akk. Sg. n. ***ipsum.***

Die Formen des Pronomens ***is, ea, id*** lauten:

	Singular			**Plural**		
	m.	f.	n.	m.	f.	n.
Nom.	***is***	***ea***	***id***	***iī/eī***	***eae***	***ea***
Gen.	***eius***	***eius***	***eius***	***eōrum***	***eārum***	***eōrum***
Dat.	***eī***	***eī***	***eī***	***eīs/iīs***	***eīs/iīs***	***eīs/iīs***
Akk.	***eum***	***eam***	***id***	***eōs***	***eās***	***ea***
Abl.	***eō***	***eā***	***eō***	***eīs/iīs***	***eīs/iīs***	***eīs/iīs***

Besonderheiten

Das Pronomen ***īdem, eadem, idem*** (derselbe) ist aus den Formen von ***is, ea, id*** + ***-dem*** entstanden: Gen. Sg. ***eiusdem,*** Dat. Sg. ***eīdem*** usw.

Aber aufgepasst: Im Akk. Sg. m. und f. wird ***-m-*** zu ***-n-***: ***eundem, eandem.*** Ebenso im Gen. Pl. aller Genera: ***eorundem, earundem, eorundem.***

Und jetzt bist du dran!

1. Setze die folgenden Pronomina in den angegebenen Kasus.

iste, ista, istud

Gen. Sg. f. ______________________

Akk. Pl. n. ______________________

Abl. Sg. m. ______________________

Dat. Sg. f. ______________________

īdem, eadem, idem

Nom. Pl. f. ______________________

Akk. Sg. n. ______________________

Abl. Pl. f. ______________________

Gen. Pl. m. ______________________

hic, haec, hoc

Dat. Pl. m. ______________________

Akk. Sg. n. ______________________

Gen. Sg. f. ______________________

Abl. Sg. f. ______________________

2. Bestimme die Formen von *ipse, ipsa, ipsum* und bilde jeweils die entsprechende Singular- bzw. Pluralform. Manchmal sind mehrere Lösungen möglich!

ipsīus ______________________________

ipsōs ______________________________

ipsa ______________________________

ipsam ______________________________

ipsīs ______________________________

3. Bilde sinnvolle Paare und übersetze.

iīsdem	*amīcae*
eōdem	*templa*
eārundem	*servīs*
eadem	*rērum*
eiusdem	*ōrātore*

____

____

____

____

____

4. Übersetze die folgenden Sätze und bestimme Kasus, Numerus und Genus der Pronomina.

1. *Caesar illum librum scrīpsit. Is autem poēta nōn erat.*

____

____

____

2. *Illīs temporibus hominēs deōs timuērunt, hōc tempore paucī eōs colunt.*

____

____

____

3. ***Rōmānī istum exercitum Gallōrum exspectāverunt. Idem eōs in illā prōvinciā vīcerat.***

4.3 Relativ- und Interrogativpronomina

Relativ- und Interrogativpronomina sind hier zusammengefasst, da sie denselben Wortstamm haben und ihre Deklinationen große Gemeinsamkeiten aufweisen.

Relativpronomina

Das Relativpronomen ***quī, quae, quod*** (der, die, das) wird dekliniert wie folgt:

Singular	m.		f.		n.	
Nom.	***quī***	der	***quae***	die	***quod***	das
Gen.	***cuius***	dessen	***cuius***	deren	***cuius***	dessen
Dat.	***cui***	dem	***cui***	der	***cui***	dem
Akk.	***quem***	den	***quam***	die	***quod***	das
Abl.	***quō***	mit dem	***quā***	mit der	***quō***	mit dem
Plural						
Nom.	***quī***	die	***quae***	die	***quae***	die
Gen.	***quōrum***	deren	***quārum***	deren	***quōrum***	deren
Dat.	***quibus***	denen	***quibus***	denen	***quibus***	denen
Akk.	***quōs***	die	***quās***	die	***quae***	die
Abl.	***quibus***	mit denen	***quibus***	mit denen	***quibus***	mit denen

Zur Verwendung des Relativpronomens

1. Das Relativpronomen leitet einen **attributiven Nebensatz** ein, der das Substantiv, auf das sich das Relativpronomen in Genus und Numerus bezieht, näher erläutert. Der Kasus richtet sich nach der Funktion im Satz.

   Gāius Tullium, quī amīcus est, salūtat. Gaius begrüßt Tullius, der sein Freund ist.

2. Eine Besonderheit des Lateinischen stellt der **relative Satzanschluss** dar. Übersetze das Relativpronomen mit einem Demonstrativ- oder Personalpronomen:

Caesar Galliam profectus est;	Caesar brach nach Gallien auf;
quam ***expūgnāre vōluit.***	dieses wollte er erobern.

Häufige relative Satzanschlüsse sind diese Wendungen:

quō factō	hierauf	***quārē***	deshalb
quod sī	wenn aber	***quibus rēbus gestīs***	danach
quā de causa	deswegen, daher	***quō***	dadurch
quam ob rem	deswegen, daher		

Lerne sie am besten wie Vokabeln auswendig.

Interrogativpronomina

Interrogativpronomina (< ***interrogāre*** fragen) werden in Fragesätzen verwendet, um nach Lebewesen oder Gegenständen zu fragen. Man unterscheidet:

1. ***quī, quae, quod?*** (welcher, welche, welches?) wird adjektivisch verwendet und bildet seine Formen wie das Relativpronomen:

Quī ***senātor modo dīcit?***	Welcher Senator spricht gerade?

2. ***quis?*** (wer?) und ***quid?*** (was?) gibt es nur im Singular. Es wird substantivisch gebraucht und bis auf den Nom./Akk. Sg. n. wie das Relativpronomen gebildet.

	m./f.		n.	
Nom.	***quis?***	wer?	***quid?***	was?
Gen.	***cuius?***	wessen?	***cuius?***	wessen?
Dat.	***cui?***	wem?	***cui?***	wem?
Akk.	***quem?***	wen?	***quid?***	was?
Abl.	***quō?***	mit wem?	***quō?***	womit?

Quis ***mē vocāt?***	Wer ruft mich?
Quid ***accidit?***	Was ist passiert?

Und jetzt bist du dran!

1. Setze die passenden Formen von *quī, quae, quod* ein und übersetze.

1. *Serva,* ____________________ *bene labōrat, ā dominō laudātur.*

____

2. *Magister discipulōs,* ____________________ *nōn bene student, admonet.*

____

3. *Gladiātōr,* ____________________ *valdē admirāmur, fortiter pūgnāvit.*

____

4. *Caesar Cleopatram,* ____________________ *rēgīna Aegyptī erat, amābat.*

____

5. *Amīca,* ____________________ *nōmen est Cornēlia, mē iam exspectat.*

____

2. Füge *quī, quae quod?* bzw. *quis, quid?* in der passenden Form ein und übersetze.

1. ____________________ *ad portās est?*

____

2. ____________________ *discipulus hoc scit?*

____

3. ____________________ *dīxistī?*

____

4. ____________________ *deae sacrificavērunt?*

____

3. Bestimme die folgenden Formen des Interrogativpronomens nach Kasus, Numerus und Genus. Manchmal sind mehrere Lösungen möglich.

quōrum ____________________

cuius ____________________

quō ____________________

quis ____________________

quod ____________________

quae ____________________

quid ____________________

quibus ____________________

quem ____________________

4.4 Indefinitpronomina und Pronominaladjektive

Indefinitpronomina und ein Teil der Pronominaladjektive werden verwendet, wenn jemand oder etwas nicht genauer bestimmt werden kann oder soll: irgendjemand, irgendetwas, ein gewisser, die einen ... die anderen usw.

Indefinitpronomina

aliquis, -quid und ***aliquī, -quae, -quod***

Das Indefinitpronomen ***aliquis, aliquid*** (irgendjemand, -etwas) wird substantivisch verwendet. Die Deklination ist ganz einfach: Hänge an ***ali-*** die Formen des Interrogativpronomens ***quis?*** wer? bzw. ***quid?*** was? an. Beachte: Im Neutrum werden einige Formen durch ***rēs*** ergänzt:

	m./f.	n.
Nom.	***aliquis***	***aliquid***
Gen.	***alicuius***	***alicuius** reī*
Dat.	***alicui***	***alicui** reī*
Akk.	***aliquem***	***aliquid***
Abl.	***aliquō***	***aliquā** rē*

Aliquis ***tē vocat.*** — (Irgend)Jemand ruft dich. *(Ich weiß aber nicht, wer es ist.)*

In adjektivischer Verwendung wird an ***ali-*** das Relativpronomen (außer Nom. Sg. f. ***aliqua***, Nom./Akk. Pl. n. ***aliqua***) angehängt: ***aliquī, aliqua, aliquod*** irgendein, -eine, -ein.

Tacēte! Audiō** aliquem **sonum. — Schweigt. Ich höre (irgend)einen Laut.

Besonderheiten

Achtung: Nach bestimmten Wörtern entfällt ***ali-*** am Anfang des Pronomens:

quis, quid bzw. ***qui, qua, quod.***

Merke: Nach ***sī, nisī, nē*** und ***num*** fällt das Wörtchen ***ali-*** um.

Sī** quis **venit, portam nōn aperiō.

Wenn irgendjemand kommt, öffne ich die Tür nicht.

Weitere Indefinitpronomina

Diesen Pronomina ist gemeinsam, dass sie in substantivischer Verwendung aus dem Interrogativpronomen und einer bestimmten Endsilbe gebildet werden, in adjektivischer aber aus dem Relativpronomen und eben dieser Endung.

substantivisch	adjektivisch	Bedeutung	Beispiele
quīdam, quaedam, quiddam*	***quīdam, quaedam, quoddam****	ein gewisser, eine gewisse, ein gewisses	***Quīdam senātōrum ōrātiōnem habuit.*** Einer der Senatoren hielt eine Rede. ***Philosophus quīdam hoc dīxit.*** Ein gewisser Philosoph hat das gesagt.
quisque, quidque	***quisque, quaeque, quodque***	jeder, jede, jedes einzelne	***Quisque vestrum Rōmānus est.*** Jeder einzelne von euch ist Römer. ***Cuique puerō dōnum dō.*** Ich gebe jedem (einzelnen) Jungen ein Geschenk.
quīvīs, quaevīs, quidvīs	***quīvīs, quaevīs, quodvīs***	jeder, jede, jedes beliebige	***Quīvīs nostrum cantāre potest.*** Jeder (beliebige) von uns kann singen. ***Marcus quidvīs animal capit.*** Marcus fängt jedes (beliebige) Tier.
quīlibet, quaelibet, quidlibet	***quīlibet, quaelibet, quodlibet***	jeder, jede, jedes beliebige	***Quaelibet illārum uxor est.*** Jede (beliebige) von jenen ist eine Ehefrau. ***Quamlibet fēminam adiuvāmus.*** Wir helfen jeder (beliebigen) Frau.

* Beachte: Im Akk. Sg. m./f. wird ***-m-*** zu ***-n-***: ***quendam, quandam.*** Ebenso im Gen. Pl. aller Genera: ***quōrundam, quārundam, quōrundam***

Besonderheiten

Eine Form für m. und f. hat ***nēmō*** (niemand, keiner). Für das Neutrum wird ***nihil*** (nichts) verwendet. Beide werden nur substantivisch und im Sg. gebraucht. In einigen Kasus werden fehlende Formen durch ***nūllus, -a, -um*** (kein, keine, kein, ▶ S. 56) bzw. ***rēs, -eī*** *f.* ersetzt.

Nom.	***nēmō***	***nihil***
Gen.	***nūllīus***	***nūllīus reī***
Dat.	***nēminī***	***nūllī reī***
Akk.	***nēminem***	***nihil (nil)***
Abl.	***ā nūllō***	***nūllā rē***

Hercules neminem timuit. Herkules hat niemanden gefürchtet.
Quid fēcistī? Nihil. Was hast du getan? Nichts.

Pronominaladjektive

Pronominaladjektive nehmen eine Zwischenstellung ein: Im Gen. und Dat. Sg. werden sie wie Pronomina dekliniert, ***-īus*** bzw. ***-ī, alius, -a, -ud*** sogar im Nom. und Akk. Sg. n. In allen anderen Kasus folgen sie der a-/o-Deklination.

Zu den Pronominaladjektiven zählen:

ūnus, -a, -um	einer, ein einziger
sōlus, -a, -um	allein
tōtus, -a, -um	ganz
ūllus, -a, -um	(irgend)einer
nūllus, -a, -um	keiner
uter, -tra, -trum	wer (von beiden)
neuter, -tra, -trum	keiner (von beiden)
alter, -era, -erum	der eine/andere (von beiden)
alius, -a, -ud (Gen. ***alterīus***!)	ein anderer
aliī … aliī	die einen … die anderen

Dekliniert werden sie wie das Beispiel ***nūllus, -a, -um:***

	Singular			Plural		
	m.	f.	n.	m.	f.	n.
Nom.	***nūllus***	***nūlla***	***nūllum***	***nūllī***	***nūllae***	***nūlla***
Gen.	***nūllīus***	***nūllīus***	***nūllīus***	***nūllōrum***	***nūllārum***	***nūllōrum***
Dat.	***nūllī***	***nūllī***	***nūllī***	***nūllīs***	***nūllīs***	***nūllīs***
Akk.	***nūllum***	***nūllam***	***nūllum***	***nūllōs***	***nūllās***	***nūlla***
Abl.	***nūllō***	***nūllā***	***nūllō***	***nūllīs***	***nūllīs***	***nūllīs***

Zur Verwendung

Pronominaladjektive werden sowohl adjektivisch als auch substantivisch gebraucht:

Nūllī hominī tanta pecūnia est.	Kein Mensch hat so viel Geld.
Neuter vestrum audit.	Keiner von euch (beiden) hört zu.

Und jetzt bist du dran!

1. Welche Formenbestimmung ist richtig? Kreuze an.

1. *ūllī*
   a) Dat. Sg. n. ☐
   b) Gen. Sg. m. ☐
   c) Abl. Sg. f. ☐

2. ***utraque*** a) Abl. Sg. m. ☐
b) Nom. Sg. f. ☐
c) Akk. Pl. m. ☐

3. ***alterīus*** a) Dat. Sg. m. ☐
b) Gen. Sg. n. ☐
c) Nom. Sg. m. ☐

4. ***sōlō*** a) Gen. Sg. n. ☐
b) Dat. Sg. m. ☐
c) Abl. Sg. m. ☐

5. ***neutrum*** a) Nom. Sg. m. ☐
b) Nom. Sg. n. ☐
c) Akk. Sg. f. ☐

2. Setze die folgenden Indefinitpronomina in den angegebenen Kasus.

quīvis, quaevis, quidvis

Gen. Sg. m. ____________________

Akk. Pl. n. ____________________

Abl. Sg. f. ____________________

quīdam, quaedam, quiddam

Dat. Pl. m. ____________________

Akk. Sg. n. ____________________

Gen. Pl. f. ____________________

nēmō

Abl. ____________________

Gen. ____________________

Akk. ____________________

3. Setze die passenden Formen ein und übersetze.

1. ____________________ ***(ūnus, -a, -um) Gallōrum ad Caesarem vēnit.***

____

2. ____________________ ***(aliquis, -quid) nostrum cēnam parābit.***

____

3. ____________________ ***cibōs,*** ____________________ ***aquam dābāmus. (aliī … aliī)*** ____________________

____

4.5 Korrelativpronomina

Korrelativpronomina bezeichnen eine Wechselbeziehung. Sie geben Auskunft über Quantität (Menge) oder Qualität (Beschaffenheit).

tālis, -e	so (beschaffen), solch	***quālis, -e***	wie (beschaffen)
tantus, -a, -um	so groß	***quantus, -a, -um***	wie groß
tot	so viele	***quot***	wie viele

Dekliniert werden ***tālis*** und ***quālis*** nach der 3. Deklination, ***tantus*** und ***quantus*** nach der a-/o-Deklination. Unveränderlich sind ***tot*** und ***quot.***

Zur Verwendung

Korrelativpronomina werden vor allem in Vergleichssätzen eingesetzt:

Quālis ***rēx,*** *tālis* ***grex.***	Wie der Hirte, so die Herde.
Quot/quantī ***hominēs,*** *tot/tantae* ***sententiae.***	(Es gibt) so viele Meinungen wie Menschen.

Zudem können ***quantus, -a, -um*** und ***quālis, -e*** auch als Interrogativ- oder Relativpronomen verwendet werden:

Marcus cucurrit, *quantā* ***maxima celeritate potuit.***	Markus lief, so schnell er konnte.
Quālis ***est tua mens?***	Welche Absicht verfolgst du?

Darüber hinaus gibt es auch korrelative Adverbien. Sie werden ebenfalls in Vergleichssätzen verwendet und nicht dekliniert:

quō	wohin	***eō***	dorthin
quō/quantō	je	***eō/tantō***	umso
quotiēns	wie oft	***totiēns***	so oft

Eō ***ībō,*** *quō* ***tu ībis.***	Ich werde dorthin gehen, wo du hingehst.
Quō/quantō ***doctior,*** *eō/tantō* ***modestior.***	Je gebildeter, desto bescheidener.

Und jetzt bist du dran!

1. Ergänze das entsprechende Korrelativpronomen im richtigen Kasus, Numerus und Genus.

quālibus	______________________
______________________	***tāle***
quantōs	______________________
______________________	***tālia***

quālī ______________________

______________________ *tantī*

quantam ______________________

______________________ *tālēs*

2. Übersetze die folgenden Sätze und bestimme Kasus, Numerus und Genus der Korrelativpronomina.

1. ***Quot hominēs hoc oppidum incolunt? Quantum oppidum est?***

____

____

2. ***Gāius tālis est, quālis esse vidētur.***

____

____

4.6 Check-up Pronomina

1. Bestimme Kasus, Numerus und Genus bzw. Person der folgenden Formen und die Art des Pronomens. Manchmal sind mehrere Lösungen möglich!

illīus ______________________

quibus ______________________

mihī ______________________

eadem ______________________

huic ______________________

iī ______________________

quaelibet ______________________

tē ______________________

aliquōrum ______________________

2. Bilde den Akk. Sg. und Gen. Pl. der folgenden Pronomina.

īdem, eadem, idem ______________________

ille, illa, illud ______________________

quī, quae, quod ______________________

hic, haec, hoc ______________________

is, ea, id ______________________

3. Welches Pronomen steckt im Buchstabensalat? Übersetze dein Ergebnis.

pisō ______

svō ______

usiuc ______

ībis ______

dusit ______

4. Verändere die folgenden Pronomina wie angegeben.

is	→ Gen. Pl.	→ f.	→ Akk. Sg.	→ Nom. Pl.	→ n.
sōla	→ Dat. Sg.	→ m.	→ Abl. Pl.	→ Nom. Sg.	→ n.
hoc	→ Akk. Pl.	→ f.	→ Dat. Pl.	→ Gen. Sg.	→ m.
tuus	→ Abl. Sg.	→ n.	→ Nom. Pl.	→ Akk. Sg.	→ f.
quae	→ Gen. Pl.	→ m.	→ Dat. Sg.	→ Abl. Pl.	→ n.

5. Füge die passenden Formen der Pronomina ein und übersetze anschließend. Bestimme Kasus, Numerus und Genus der Pronomina.

1. *Turba hominum* ______ *(aliquī, -quae, -quod) gladiātōrem,* ______ *(quī, quae, quod) ab imperātōre salūtātur, admirātur.* ______

2. *Marcus ex* ______ *(aliquī, -quae, -quod)* ______ *(hic, haec, hoc) aedificiōrum exit.* ______

3. ***Quis*** ______________________________ ***(vōs)*** ____________________

____________ ***(iste, -a, -ud) versūs scrīpsit?*** ______________________________

____

____

6. Trage die lateinischen Formen der Pronomina in das Wortgitter ein. Das Lösungswort ergeben die hellblauen Kästchen.

1. jeder beliebige → Gen. Pl. m.
2. irgendetwas (adj.) → Nom. Sg. n.
3. unser → Nom. Sg. m.
4. welches? → Akk. Sg. n.
5. dieselbe → Abl. Pl. f.
6. die → Akk. Sg. f.
7. welche? → Abl. Sg. f.
8. selbst → Dat. Pl. m.

Das gesuchte Wort ist: ______________________________ (sächliches Geschlecht).

5 Numeralia

Zu den lateinischen Numeralia zählen:

Grund- oder Kardinalzahlen ***(Cardinālia)***	eins, zwei, drei, ...
Ordnungs- oder Ordinalzahlen ***(Ōrdinālia)***	der erste. zweite, dritte, ...
Distributivzahlen ***(Distributīva)***	je einer, je zwei, je drei, ...
Zahladverbien	einmal, zweimal, dreimal, ...

5.1 Die Zahlen im Überblick

Zahlzeichen		**Grundzahlen** wie viele?	**Ordnungszahlen** der wievielte?	**Distributivzahlen** wie viele jedesmal?
1	I	***ūnus, -a, -um***	***prīmus, -a, -um***	***singulī, -ae, -a***
2	II	***duo, duae, duo***	***secundus***	***bīnī***
3	III	***trēs, tria***	***tertius***	***ternī***
4	IV	***quattuor***	***quārtus***	***quarternī***
5	V	***quīnque***	***quintus***	***quīnī***
6	VI	***sex***	***sextus***	***sēnī***
7	VII	***septem***	***septimus***	***septēnī***
8	VIII	***octō***	***octāvus***	***octōnī***
9	IX	***novem***	***nōnus***	***novēnī***
10	X	***decem***	***decimus***	***dēnī***
11	XI	***ūndecim***	***ūndecimus***	***ūndēnī***
12	XII	***duodecim***	***duodecimus***	***duodēnī***
13	XIII	***trēdecim***	***tertius decimus***	***ternī dēnī***
14	XIV	***quattuordecim***	***quārtus decimus***	***quarternī dēnī***
15	XV	***quīndecim***	***quintus decimus***	***quīnī dēnī***
16	XVI	***sēdecim***	***sextus decimus***	***sēnī dēnī***
17	XVII	***septendecim***	***septimus decimus***	***septenī dēnī***

Zahlzeichen		Grundzahlen wie viele?	Ordnungszahlen der wievielte?	Distributivzahlen wie viele jedesmal?
18	XVIII	*duodēvigintī*	*duodēvicēsimus*	*duodēvicēnī*
19	XIX	*ūndēvigintī*	*ūndēvicēsimus*	*ūndēvicēnī*
20	XX	*vīgintī*	*vīcēsimus*	*vīcēnī*
30	XXX	*trīgintā*	*trīcēsimus*	*tricēnī*
40	XL	*quadrāgintā*	*quadrāgēsimus*	*quadrāgēnī*
50	L	*quīnquāgintā*	*quīnquāgēsimus*	*quīnquagēnī*
60	LX	*sexāgintā*	*sexāgēsimus*	*sexāgēnī*
70	LXX	*septuāgintā*	*septuāgēsimus*	*septuāgēnī*
80	LXXX	*octōgintā*	*octōgēsimus*	*octōgēnī*
90	XC	*nōnāgintā*	*nōnāgēsimus*	*nōnāgēnī*
100	C	*centum*	*centēsimus*	*centēnī*
200	CC	*ducentī*	*ducentēsimus*	*ducēnī*
300	CCC	*trecentī*	*trēcentēsimus*	*trecēnī*
400	CD	*quadringentī*	*quadringentēsimus*	*quadringēnī*
500	D	*quīngentī*	*quīngentēsimus*	*quīngēnī*
600	DC	*sescentī*	*sescentēsimus*	*sescēnī*
700	DCC	*septingentī*	*septingentēsimus*	*septingēnī*
800	DCCC	*octingentī*	*octingentēsimus*	*octingēnī*
900	CM	*nōngentī*	*nōngentēsimus*	*nōngēnī*
1000	M	*mīlle*	*mīllēsimus*	*singula mīlia*
2000	MM	*duo mīlia*	*bis mīllēsimus*	*bīna mīlia*

Zahladverbien		
semel	*bis*	*ter*
quater	*quinquiēs*	*sexiēs*
septiēs	*octiēs*	*noviēs*
deciēs	*undeciēs*	*duodeciēs* etc.

5.2 Zur Deklination der Zahlen

Nur einige wenige **Grundzahlen** werden dekliniert:

- Der Plural von ***mīlle*** (1000) wird regelmäßig nach den i-Stämmen der 3. Deklination gebildet: ***mīlia, mīlium, mīlibus, mīlia, mīlibus***. Im Plural wird es immer als Substantiv verwendet; ein damit verbundener Begriff steht daher immer im Genitiv: ***duo mīlia nāvium*** 2000 Schiffe (aber: ***mīlle nāves*** 1000 Schiffe).
- Alle Hunderter von ***ducentī, -ae, -a*** (200) an werden regelmäßig wie die Adjektive der a-/o-Deklination dekliniert.
- Die ersten drei Grundzahlen ***ūnus, -a, -um*** (ein, eine, ein), ***duo, -ae, -o*** (zwei) und ***trēs, tria*** (drei) werden dekliniert; ***trēs*** wird wie ein zweiendiges Adjektiv der i-Stämme (3. Deklination), ***ūnus, -a, -um*** und ***duo*** jedoch bis auf die markierten Endungen nach der a-/o-Deklination dekliniert:

	m.	f.	n.	m.	f.	n.	m./f.	n.
Nom.	*ūnus*	*ūna*	*ūnum*	*duo*	*duae*	*duo*	*trēs*	*tria*
Gen.	*ūnīus*	*ūnīus*	*ūnīus*	*duōrum*	*duārum*	*duōrum*	*trium*	*trium*
Dat.	*ūnī*	*ūnī*	*ūnī*	*duōbus*	*duōbus*	*duōbus*	*tribus*	*tribus*
Akk.	*ūnum*	*ūnam*	*ūnum*	*duōs*	*duās*	*duo*	*trēs*	*tria*
Abl.	*ūnō*	*ūnā*	*ūnō*	*duōbus*	*duōbus*	*duōbus*	*tribus*	*tribus*

Die **Ordnungszahlen** werden allesamt nach der a-/o-Deklination dekliniert; sie werden vor allem bei der Angabe von Jahreszahlen und Stunden verwendet: ***annō sescentēsimō nōnō (ab urbe conditā)*** im 609. Jahr (seit Gründung der Stadt Rom), ***horā nōnā*** um die neunte Stunde

Distributivzahlen folgen den regelmäßigen Formen der a-/o-Deklination im Plural; sie geben die „Verteilung" einer Menge von etwas an (< ***distribuere*** ver-, zuteilen) an und stehen bei Pluralwörtern: ***centēnī mīlitēs*** je 100 Soldaten, ***bīnae litterae*** zwei Briefe

Zahladverbien bestimmen eine Häufigkeit auf die Frage „wie oft?" und besitzen jeweils nur eine Form; sie werden also nicht dekliniert:

Solum semel vēnit. Er kam nur einmal.

5.3 Check-up Numeralia

1. Ersetze im Folgenden die Zahlzeichen durch Zahlwörter und übersetze. Achte dabei wo nötig auf Kasus, Numerus und Genus. Manchmal sind mehrere Lösungen möglich!

MM passuum ______________________________

D mīlitēs ______________________________

DCCC hominibus ______________________________

III templa ______________________

V līberōrum ______________________

II diēs ______________________

L senātōrēs ______________________

VI domūs ______________________

M rēgīnae ______________________

2. Viele Römer hatten als Bei- oder sogar Vornamen eine Ordnungszahl. Auch bei manchen Familiennamen ist eine Zahl als Ursprung zu erkennen. Übersetze die folgenden Namen mit einer (ggf. abgeleiteten) deutschen Ordnungszahl.

Agrippīna Septima ______________________

Marcus Fabius Quīntiliānus ______________________

Diāna Decima ______________________

Plīnius Quīntus ______________________

Gāius Iūlius Caesar Augustus Octāviānus ______________________

3. Ordne die angegebenen Zahlwörter nach Ordnungs-, Grund- und Distributivzahlen sowie Zahladverbien. Wo möglich, bestimme Kasus, Numerus und Genus.

singulōrum – deciēs – sextī – nōngentae – tribus – octōnīs – ter – bīnōs – mīlia – tertiō – nōnam – octiēs

Grundzahlen

____

____

____

Ordnungszahlen

____

____

____

Distributivzahlen

____

____

____

Zahladverbien

____

____

____

6 Achtung Ausnahme!

Die meisten Nomina bilden ihre Formen ganz regelmäßig. Aber nicht alle! Immer wieder gibt es Ausnahmen, besondere Formen oder Bedeutungen. Diese sind hier im Überblick aufgeführt und nach der jeweiligen Besonderheit angeordnet.

Substantive		
Besonderheit	**Kurzerläuterung und Beispiele**	
o-Deklination ▶ S. 13	Substantive und Adjektive der o-Deklination auf *-us* und ***-ius*** haben folgende besondere Form:	
	Vok. Sg.	***Ecce, Marce!*** Sieh da, Markus! ***Ecce, Atilī!*** Sieh da, Atilius!
u-Deklination ▶ S. 22	Im Dat./Abl. Pl. haben manche Substantive ***-ubus*** statt ***-ibus***:	
	arcus, -ūs *m.* Bogen	***arcubus***
Genus		
Genus bei Menschen (a-Deklination) ▶ S. 8, 11	Manche Substantive, die Menschen bezeichnen, orientieren sich nicht am regulären Genus ihrer Deklination, sondern an ihrem „natürlichem" Geschlecht. Das betrifft besonders Substantive der a-Deklination:	
	poēta, -ae m.	Dichter
	nauta, -ae m.	Seemann
Besonderes Genus (o-Deklination) ▶ S. 15	Folgende Substantive der o-Deklination sind **nicht** Maskulinum:	
	humus, -ī f.	Boden
	vulgus, -ī n.	Volk
	Sowie Länder, Städte und Inseln dieser Deklination (s. u.).	
Genus bei Ländern, Städten und Inseln ▶ S. 8, 15	Länder, Städte und Inseln sind unabhängig von ihrer Deklination Feminina, auch die folgenden Beispiele der o-Deklination:	
	Corinthus, -ī f.	Korinth
	Aegyptus, -ī f.	Ägypten
Besonderes Genus (u-Deklination) ▶ S. 22	Folgende Substantive der u-Deklination sind Feminina:	
	domus, ūs f.	Haus
	manus, -ūs f.	Hand, Schar
diēs, -ēī ▶ S. 24	*m.* Tag	*f.* Termin
Sonderformen		

Substantive

Besonderheit	Kurzerläuterung und Beispiele
vīs f. ▶ S. 18	Im Singular bildet ***vīs*** nur den Akkusativ und Ablativ: ***vīs, vim, vī** f.* Der Plural wird regelmäßig vom Stamm ***vīr-*** gebildet: ***vīrēs, vīrium*** usw.
bōs, bovis *m./f.* ▶ S. 17	Bis auf folgende Kasus wird ***bōs*** nach den konsonantischen Stämmen der 3. Deklination dekliniert: Gen. Pl. — ***boum*** Dat./Abl. Pl. — ***bōbus*** und ***būbus***
vās, -is *n.* ▶ S. 17	Bis auf folgende Kasus wird ***vās*** nach den konsonantischen Stämmen der 3. Deklination dekliniert: Gen. Pl. — ***vāsōrum*** Dat./Abl. Pl. — ***vāsis***
domus, -ūs *f.* ▶ S. 22	Die meisten Kasus von ***domus*** werden nach der u-Deklination gebildet, mit Ausnahme von: Abl. Sg. — ***domō*** Gen. Pl. — ***domōrum*** (auch: ***domuum***) Akk. Pl. — ***domōs*** (selten: ***domūs***) Folgende Formen haben eine besondere Bedeutung: ***domō*** — von zu Hause ***domī*** — zu Hause ***domum*** — nach Hause
rēs, reī *f.* ▶ S. 24	***rēs*** hat in Verbindung mit bestimmten Adjektiven besondere Bedeutungen: ***rēs Rōmānae*** — römische Geschichte ***rēs pūblica*** — Staat
Wortstamm-veränderung ▶ S. 17	Manche Substantive der konsonantischen Stämme (3. Deklination) verändern ihren Wortstamm: ***Iuppiter, Iovis*** *m.* — Jupiter ***iter, itineris*** *n.* — Weg, Reise

Adjektive, Adverbien und Pronomina

Besonderheit	Kurzerläuterung und Beispiele
Adjektive	

Adjektive, Adverbien und Pronomina

Besonderheit	Kurzerläuterung und Beispiele
Unregelmäßige Komparation ▶ S. 38	Folgende Adjektive bilden Komparativ und Superlativ unregelmäßig:

Positiv	Komparativ	Superlativ
bonus, -a, -um gut	***melior, -ius*** besser	***optimus, -a, -um*** bester
malus, -a, -um schlecht	***pēior, -ius*** schlechter	***pessimus, -a, -um*** schlechtester
māgnus, -a, -um groß	***māior, -ius*** größer	***māximus, -a, -um*** größter
parvus, -a, -um klein	***minor, -us*** kleiner	***minimus, -a, -um*** kleinster
multī, -ae, -a viele	***plūrēs, -a*** mehr	***plūrimī, -ae, -a*** die meisten

Adverbien

unregelmäßige Bildung ▶ S. 39	Ein unregelmäßig gebildetes Adverb haben: ***bonus, -a, -um*** — ***bene*** gut ***alius, -a, -ud*** — ***aliter*** anders ***facilis, -e*** — ***facile*** leicht ***difficilis, -e*** — ***difficulter*** schwierig ***audax, -cis*** — ***audacter*** mutig, kühn
Adverbien auf ***-ō/-ā*** ▶ S. 39	Manche Adverbien haben als Endung -**ō** oder **-ā**: ***citō*** schnell — ***subitō*** plötzlich ***frustrā*** vergeblich Diese Adverbien lerne deshalb gleich mit den Vokabeln mit.

Pronomina

nēmō ▶ S. 55	Das Indefinitpronomen ***nēmō*** hat im Gen. und Abl. unregelmäßige Formen: ***nēmō, nūllīus, nēmini, nēminem, ā nūllō***
nihil ▶ S. 55	Das Indefinitpronomen ***nihil*** hat im Gen., Dat. und Abl. Ersatzformen: ***nihil, nūllīus reī, nūllī reī, nihil (nil), nūllā rē***
alius, -a, -ud ▶ S. 56	Das Pronominaladjektiv ***alius*** hat im Gen. Sg. die Ersatzform ***alterīus.***

Adjektive, Adverbien und Pronomina	
Besonderheit	**Kurzerläuterung und Beispiele**
aliquis, -quid/ aliquī, -quae, -quod ▶ S. 54	Nach ***sī, nisī, nē*** und ***num*** fällt das Wörtchen ***ali-*** um.

Partizipien und nd-Formen	
PPA ▶ S. 34	Das Partizip Präsens Aktiv wird nach den i-Stämmen dekliniert. Als Adjektiv verwendet lautet der Abl. Sg. *-ī*, als Verbaladjektiv ***-e***. ***laudāre*** loben → ***laudans, -ntis*** lobend
PPP ▶ S. 29	Das Partizip Perfekt Passiv bildet seine Formen nach der a-/o-Deklination: ***monēre*** (er)mahnen → ***monitus, -a, -um*** gelobt
PFA ▶ S. 29	Das Partizip Futur Aktiv wird auch nach der a-/o-Deklination dekliniert: ***spectāre*** schauen → ***spectāturus, -a, -um*** einer, der schauen wird
Gerundivum ▶ S. 29	Das Gerundivum (Verbaladjektiv) wird wie ein Adjektiv der a-/o-Deklination dekliniert: ***vōcāre*** rufen → ***vōcandus, -a, -um*** ein zu rufender
Gerundium ▶ S. 29	Das Gerundium (Verbalsubstantiv, substantivierter Infinitiv) wird nach der a-/o-Deklination dekliniert. Es existiert nur im Gen., Dat., Akk. und Abl. Sg. ***laborāre*** arbeiten, das Arbeiten → ***laborandī*** des Arbeitens

7 Check-up Deklinationen

1. Bilde jeweils den entsprechenden Plural bzw. Singular. Manchmal gibt es mehrere Möglichkeiten!

montem altum ____________________

artium līberālium ____________________

flammae rūbrae ____________________

diēbus paucīs ____________________

amīcitiārum veterum ____________________

fundāmenta ingentia ____________________

summīs generibus ____________________

2. Übersetze die folgenden Sätze und bestimme anschließend Kasus, Numerus und Genus aller Nomina.

Militēs ad flūmen pervēnērunt. Iī trēs māximōs pontēs in eo fēcērunt.

____

____

____

____

Multae urbēs, quās hodiē nōvimus, ā Rōmānīs antīquīs conditae sunt.

____

____

____

____

3. Welche lateinischen Substantive und/oder Adjektive kannst du von folgenden Verben ableiten? Hier kannst du ggf. auch das Vokabelverzeichnis oder ein Wörterbuch zu Hilfe nehmen.

parēre ____________________

fīdere ____________________

dominārī ____________________

aedificāre ____________________

captāre ____________________

dīligere ____________________

errāre ____________________

4. Hier haben sich viele Nomina versteckt. Lies senkrecht, waagerecht, vorwärts und rückwärts sowie diagonal! Als Hilfe sind die deutschen Bedeutungen und Formen der versteckten Wörter angegeben. Vielleicht findest du noch mehr?

C	X	T	R	E	S	S	E	S	L	D	P	E	I
U	S	P	H	U	X	O	R	I	B	U	S	M	U
N	L	F	I	N	P	R	O	Q	O	C	C	K	S
C	M	L	U	D	I	S	S	U	U	E	H	O	A
T	L	N	G	E	H	O	U	F	M	N	L	I	C
I	I	R	A	M	O	R	I	S	I	T	T	E	T
V	F	S	R	M	T	P	U	F	R	A	D	N	B
C	E	A	H	U	U	V	C	I	P	S	A	M	X
K	M	O	L	N	T	L	V	S	O	R	T	O	S

______ alle (Nom. Pl. m.)

______ CC (Akk. Pl. f.)

______ Zorn (Nom. Sg.)

______ jener (Gen. Sg. m.)

______ Ehefrau (Abl. Pl.)

______ derselbe (Akk. Sg. m.)

______ Führer (Abl. Sg.)

______ Rom (Nom. Sg.)

______ sicher (Dat. Sg. m.)

______ selbst (Abl. Sg. f.)

______ (Zu-)Fall (Dat. Sg.)

______ Spiel, Schule (Dat. Pl.)

______ Sache, Ding (Akk. Pl.)

______ er, sie, es (Akk. Pl. f.)

______ Sonne (Nom. Sg.)

______ Rind (Gen. Pl.

______ Liebe (Gen. Sg.)

______ sich (Akk. Sg.)

______ Schicksal, Los (Nom. Sg.)

______ dieser (Nom. Pl. n.)

______ der, welcher (Gen. Sg. f.)

______ Raum, Strecke (Akk. Pl.)

______ Sitte, Brauch (Gen. Sg.)

______ jeder, ganz (Nom. Sg. n.)

______ ich (Akk. Sg.)

______ er, sie, es (Dat. Sg. f.)

______ er, sie, es (Nom. Pl. m.)

5. Welche Deklination ist hier gemeint? Gib jeweils auch ein Beispiel an.

1. Hier kommt gleich viermal -*us* vor!

2. -*im*, -*i*, -*ia* und -*ium* sind die Merkmale!

3. Trifft man am häufigsten in der 3. Deklination!

4. Gleich viermal -*ēs*!

5. Das *a* wird hier besonders hervorgehoben!

6. *i*- und konsonantische Stämme prägen das Schema!

7. Fast nur maskuline Typen treiben sich hier rum!

6. Sortiere nach Numeralia, Adjektiven und Pronomen. Gib jeweils den Gen. Sg. an.

duo, -ae, -o – facilis, -e – aliquī, -quae, -quod – malus, -a, -um – dexter, -tra, -trum – nēmō – iste, -a, -ud – singulī, -ae, -a – vīcesimus, -a, -um – sapiēns, -ntis – nihil – ūnus, -a, -um

Numeralia

Adjektive

Pronomina

7. Füge in den folgenden Sätzen die passenden Formen der angegebenen Nomina ein und übersetze.

1. *Gallī in* ______________________ *(prōvincia, -ae f.) Rōmānās invāsērunt et tempore* ______________________ *(brevis, -e) multa* ______________________ *(oppidum, -ī n.) expūgnāvērunt.*

____

____

____

2. *Itaque senatus* ______________________ *(exercitus, -ūs m.) ingentem,* ______________________ *(quī, quae, quod) cōnsulēs* ______________________ *(duo, -ae, -o) praefuērunt, cōgere imperāvit.*

____

____

____

3. *Ad flūmen* ______________________ *(lātus, -a, -um) exercitus Rōmānōrum in* ______________________ *(inimīcus, -a, -um) Gallōs fortiter pūgnāvit et* ______________________ *(ille, -a, -ud) vīcit.*

____

____

____

8. Bilde den Genitiv. Achte dabei auf den Numerus.

annīs	______________	*nocte*	______________
istō	______________	*tōtum*	______________
factō	______________	*mōtum*	______________
flammae	______________	*opīniōnem*	______________
varia	______________	*rēbus*	______________

9. Verbinde zu sinnvollen Paaren und übersetze.

animum	*ampliōrēs*
animālibus	*altissimīs*
reī	*sacrās*
dōna	*trium*
collibus	*sapientī*
partium	*saeviōribus*
campī	*pūblicae*
viās	*firmissimum*
senī	*pulchra*

10. Handelt es sich bei den folgenden Wörtern um Nomina oder Verben? Schreibe die Nomina heraus und bestimme sie nach Kasus, Numerus und Genus.

patris – minus – patēris – fluctuī – fugiam – lūcēs – minuīs – fluis – monēs – montēs – nōminās – lūceās – duās – nōmina – pōnis – pontis – dūrās – fugam

11. Löse zunächst das Rätsel und trage dann die Wörter im angegebenen Kasus in das Wortgitter ein. Wie lautet das Lösungswort?

1. ***Animal ferōx, quod saepe in silvīs vīvit:*** ______________________

→ ______________________ (Abl. Sg.)

2. ***Oppida vīcōsque incolunt:*** ______________________

→ ______________________ (Nom. Pl.)

3. ***prīmī, secundī,*** ______________________

→ ______________________ (Abl. Sg. m.)

4. ***nōn laetus:*** ______________________

→ ______________________ (Gen. Pl. f.)

5. ***Canēs*** ______________________ ***sunt.***

→ ______________________ (Dat. Pl.)

6. ***Terra in marī:*** ______________________

→ ______________________ (Akk. Pl.)

7. ***Multī dīvitēs hominēs*** ______________________ ***sunt.***

→ ______________________ (Akk. Sg.)

					1			P						
2			C			A								
					3			R		I				
4			I			I		M						
				5			I	M				B		
		6		N					S					
7			A		U									

Lösungswort: ______________________

Lösungen

2 Substantive

2.1 a-Deklination (1. Deklination)

1. ***formae*** der Gestalt – ***formās*** den Gestalten – ***formā*** mit der Gestalt – ***formae*** der Gestalt
amīcīs den Freundinnen – ***amīcae*** die Freundinnen – ***amīcam*** die Freundin – ***amīcīs*** mit den Freundinnen

2. ***familiīs:*** Dat./Abl. Pl. f. – ***dominae:*** Gen./Dat. Sg. und Nom. Pl. f. – ***nautam:*** Akk. Sg. m. – ***litterārum:*** Gen. Pl. f. – ***cōpiās:*** Akk. Pl. f.

3. ***amīcārum:*** Gen. Pl. – ***vīllam:*** Akk. Sg. – ***īnsulā:*** Abl. Sg. – ***fīliīs:*** Dat./Abl. Pl. – ***hōram:*** Akk. Sg.

4. ***Poētae:*** Die Dichter schreiben Verse. – ***cōpiās:*** Caesar besiegt die Truppen der Gallier. – ***Aviam:*** Wir besuchen die Großmutter. – ***deīs:*** Die Römer opfern den Göttinnen. – ***Cornēliae:*** Marcus ermahnt Cornelias Kinder.

2.2 o-Deklination (2. Deklination)

1. ***fīlius/fīlī*** (Vok. Sg.) – ***fīliīs*** – ***fīlium*** – ***fīliōrum*** – ***fīliōs*** – ***fīliō*** – ***fīliī*** (Gen. Sg./Nom. Pl.)/***fīliō***

2. ***tribūnī:*** Gen. Sg./Nom. Pl. → ***tribūnus*** – ***dominō:*** Dat./Abl. Sg. → ***dominus*** – ***librīs:*** Dat./Abl. Pl. → ***liber*** – ***agrōs:*** Akk. Pl. → ***ager*** – ***fora:*** Nom./Akk. Pl. → ***forum***

3. ***puer:*** Mädchen und Junge – ***dominōrum:*** der Herrinnen und Herren – ***deōs:*** die Göttinnen und Götter – ***discipulum:*** die Schülerin und den Schüler – ***amīcī*** (Nom. Pl.): die Freundinnen und Freunde; ***amīcī*** (Gen. Sg.): der Freundin und des Freundes; ***amīcō*** (Dat. Sg.): der Freundin und dem Freund

2.3 3. Deklination

1. ***patrēs*** die Väter – ***patre*** mit dem Vater – ***patribus*** den Vätern
regiōnibus den Gegenden – ***regiōnem*** die Gegend – ***regiōnis*** der Gegend
marium der Meere – ***maribus*** mit den Meeren – ***maria*** die Meere

2. ***nāvium*** Gen. Pl. – ***nāvī*** Dat. Sg. – ***āerem*** Akk. Sg. – ***nāvis*** Nom. Sg. – ***āere*** Abl. Sg. – ***nāvēs*** Akk. Pl.

3.

kons. Stämme	**i-Stämme**	Mischklasse
itinera: Nom./Akk. Pl. ***prīncipibus:*** Dat./Abl. Pl. ***ōrātōrum:*** Gen. Pl. ***senem:*** Akk. Sg.	***animālia:*** Nom./Akk. Pl. ***turrim:*** Akk. Sg. ***maribus:*** Dat./Abl. Pl. ***vīrēs:*** Nom./Akk. Pl.	***gentis:*** Gen. Sg. ***aedium:*** Gen. Pl. ***fīnī:*** Dat. Sg. ***parte:*** Abl. Sg.

4. 1. ***Sacerdōtēs:*** Die Priester opferten den Göttern. – **2.** ***canem:*** Gib acht vor dem Hund! – **3.** ***vī:*** Mit Eifer und Gewalt besiegen wir den Feind. – **4.** ***vīrēs, legiōnēs:*** Die Streitkräfte der Römer sind groß, weil sie viele Legionen besitzen. – **5.** ***hominum, urbis, ōrātōrem:*** Eine Menschenmenge (Menge von Menschen) ist auf dem Marktplatz der Stadt und hört einen Redner an (hört einem Redner zu).

2.4 u-Deklination (4. Deklination)

1. ***arcūs*** – ***arcū*** – ***arcubus***

2. ***exercitūs:*** Gen. Sg., des Heeres, Nom. Pl., die Heere, Akk. Pl., die Heere – ***reditui:*** Dat. Sg., der Rückkehr – ***exercitū:*** Abl. Sg., mit dem Heer – ***reditum:*** Akk. Sg., die Rückkehr – ***genua:*** Nom./Akk. Pl., die Knie – ***exercitibus:*** Dat./Abl. Pl., mit den Heeren – ***genū:*** Nom. Sg., das Knie, Dat. Sg., dem Knie, Akk. Sg., das Knie, Abl. Sg., mit dem Knie

3. o-Deklination: ***theātrum, fīlius, socium, frūmentum, philosophus***
u-Deklination: ***cāsūs, usuī, lacuum, impetū, senātum***

4. 1. ***cornūs:*** Der Klang des Horns wird gehört (Man hört ...). – **2.** ***arcūs:*** Ich habe viele (Triumph-) Bögen in Rom besichtigt. – **3.** ***Exercitus:*** Das römische Heer hat die Gallier besiegt. – **4.** ***domum:*** Der Vater hat ein geräumiges Haus gekauft.

2.5 e-Deklination (5. Deklination)

1. ***rērum – reī – rēs – rēbus – rem – reī***

2. ***aciēī:*** Gen./Dat. Sg., der Schlacht – ***fidēs:*** Nom. Sg., Vertrauen, Treue (Nom./Akk. Pl. – das Wort wird aber nur im Sg. verwendet) – ***diērum:*** Gen. Pl., der Tage – ***aciem:*** Akk. Sg., die Schlacht – ***fidē:*** Abl. Sg., mit Treue/Vertrauen

3. 1. ***spem:*** Warum gebt ihr die Hoffnung auf? – **2.** ***diem:*** Nutze den Tag! – **3.** ***reī:*** Die Konsuln waren Beamte des Staates. – **4.** ***aciēbus:*** Die Soldaten kämpften tapfer in Schlachtreihen, dann kehrten sie ins Lager zurück.

2.6 Check-up Substantive

1. ***patrum – patre – patrēs – meridiem – meridiēī – meridiēbus – dea – deās – deae – equīs – equō – equī – versūs – versuī – versum***

2. ***glōriae*** des Ruhmes – ***templa*** die Tempel – ***diēī*** dem Tag – ***mare*** das Meer – ***arcūs*** die Bögen – ***artibus*** mit den Künsten – ***perniciem*** den Untergang – ***fugam*** die Flucht – ***cibī*** die Speisen

3. 1. Es war Aufgabe eines/des Beamten, den Staat zu verwalten. (***magistrātūs:*** Gen. Sg. m. → ***magistrātus, -ūs; rem:*** Akk. Sg. f. → ***rēs, -eī***) – **2.** Die Römer bemühten sich, dem Staat sowohl im Glück als auch im Unglück nützlich zu sein. (***Rōmānī:*** Nom. Pl. m. → ***Rōmānus, -ī; rēbus:*** Abl. Pl. f. → ***rēs, -eī; reī:*** Dat. Sg. f. → ***rēs, -eī***) – **3.** Die Piraten überfielen Schiffe und Inseln mit Kühnheit und Wildheit. (***pirātae:*** Nom. Pl. m. → ***pirāta, -ae; audāciā:*** Abl. Sg. f. → ***audācia, -ae; ferōciā:*** Abl. Sg. f. → ***ferōcia, -ae; nāvēs:*** Akk. Pl. f. → ***nāvis, -is; īnsulās:*** Akk. Pl. f. → ***īnsula, -ae***)

4. 1. ***MULTITUDINES*** **– 2.** ***AMOR*** **– 3.** ***EXITU*** **– 4.** ***LUNIS*** **– 5.** ***CAMPUS*** **– 6.** ***MOTUUM*** **– 7.** ***BONUM*** **– 8.** ***UXORE*** **– 9.** ***SPEI***
Das gesuchte Wort ist: ***SCIENTIA*** (Wissen).

5.

Endung	Deklination	Form	Beispiel
-us	o-Deklination u-Deklination	Nom. Sg. Nom. Sg.	***dominus*** Herr ***domus*** Haus
-ūs	u-Deklination	Gen. Sg. Nom./Akk. Pl.	***domūs*** des Hauses ***arcūs*** die Bögen
-ī	o-Deklination 3. Deklination: – kons. Stämme – i-Stämme – Mischklasse	Gen. Sg. Nom. Pl. Dat. Sg. Dat./Abl. Sg. Dat. Sg.	***servī*** des Sklaven ***dominī*** die Herren ***senātorī*** dem Senator ***turrī*** dem Turm/mit dem Turm ***urbī*** der Stadt
-ēs	e-Deklination 3. Deklination: – kons. Stämme – i-Stämme – Mischklasse	Nom. Sg. Nom./Akk. Pl. Nom./Akk. Pl. Nom. Pl. Nom. Sg. Nom./Akk. Pl.	***rēs*** die Sache ***rēs*** die Sachen ***senātōrēs*** die Senatoren ***turrēs*** die Türme ***clādēs*** die Niederlage ***cīvēs*** die Bürger

Endung	Deklination	Form	Beispiel
-a	a-Deklination	Nom. Sg. (Abl. Sg. **-ā**!)	***serva*** die Sklavin
	Alle Neutra der – o-Deklination – kons. Stämme (3. Dekl.) – u-Deklination	Nom./Akk. Pl. n.	***fora*** die Marktplätze ***corda*** die Herzen ***cornua*** die Hörner
-is	3. Deklination	Gen. Sg.	***labōris*** der Arbeit ***sitis*** des Durstes
	gleichsilbige Substantive der Mischklasse (3. Dekl.)	Nom./Gen. Sg.	***cīvis*** der Bürger/des Bürgers
-īs	a-Deklination o-Deklination i-Stämme (3. Deklination)	Dat./Abl. Pl. Dat./Abl. Pl. Akk. Pl.	***puellīs*** (mit) den Mädchen ***puerīs*** (mit) den Jungen ***turrīs*** die Türme
-um	o-Deklination	Akk. Sg. m. Nom./Akk. Sg. n.	***dominum*** den Herrn ***templum*** den Tempel
	kons. Stämme (3. Dekl.)	Gen. Pl.	***senātōrum*** der Senatoren

3 Adjektive

3.1 Adjektive der a-/o-Deklination

1. *iūstārum* – *iūstō* – *iūstae* – *iūstōs* – *dīvīnum* – *dīvīna* – *dīvīnī* – *dīvīnīs*

2. ***fīda:*** Nom. Sg. f.; Nom./Akk. Pl. n. – ***iūstum:*** Nom./Akk. Sg. n./Akk. Sg. m. – ***lōngī:*** Gen. Sg.m./n./Nom. Pl. m. – ***dīvīnae:*** Gen./Dat. Sg./Nom. Pl. f. – ***pulchrā:*** Abl. Sg. f. – ***asperārum:*** Gen. Pl. f. – ***līberōrum:*** Gen. Pl. m./n. – ***parvō:*** Dat./Abl. Sg. m./n. – ***miserīs:*** Dat./Abl. Pl. f./m./n. – ***bonās:*** Akk. Pl. f.

3. ***amīcae malae:*** Gen./Dat. Sg. f. → der schlechten Freundin; Nom. Pl. f. → die schlechten Freundinnen – ***imperātōrum malōrum:*** Gen. Pl. m. → der schlechten Feldherren – ***dominīs malīs:*** Dat. Pl. m. → den schlechten Herren; Abl. Pl. m. → mit den schlechten Herren – ***rēs mala:*** Nom. Sg. f. → die schlechte Sache/***rēs malae:*** Nom. Pl. f. → die schlechten Sachen/***rēs malās:*** Akk. Pl. f. → die schlechten Sachen

3.2 Adjektive der 3. Deklination

1. *prīncipum* – *prīncipa* – *prīncipī* – *prīncipēs* – *prīncibus*

2. ***senātōrī veterī:*** Dat. Sg. m. – ***aedificia vetera:*** Nom./Akk. Pl. n. – ***templōrum veterum:*** Gen. Pl. n. – ***urbem veterem:*** Akk. Sg. f. – ***mōrēs veterēs:*** Nom./Akk. Pl. m.

3. 1. ***fortēs:*** Die römischen Soldaten waren tapfer. – **2.** ***sapientī:*** Die Kinder gehorchen dem weisen Lehrer. – **3.** ***immānibus:*** Die Gladiatoren kämpften mit schrecklichen/wilden Tieren. – **4.** ***difficilem:*** Der Lehrer erklärt den Schülern ein(e) schwierige(s) Thema/Sache. – **5.** ***dīvitum, facilis:*** Das Leben der reichen Bürger war einfach.

3.3 Komparation des Adjektivs

1. ***avem celeriōrem*** den schnelleren Vogel – ***mīlitēs fortiōrēs*** die tapfereren Soldaten – ***natiōnis līberiōris*** des freieren Volkes – ***domus altior*** das höhere Haus – ***magistrīs sevēriōribus*** (mit) den strengeren Lehrern (Dat./Abl. Pl.)

2. ***avibus celerrimīs*** (mit) den schnellsten/sehr schnellen Vögeln – ***mīlitem fortissimum*** den tapfersten/sehr tapferen Soldaten – ***natiōne līberrimā*** mit dem freiesten/sehr freien Volk – ***domuī altissimae*** dem höchsten/sehr hohen Haus – ***magistrī sevērissimī*** des strengsten/sehr strengen Lehrers (Gen. Sg.)/die strengsten/sehr strengen Lehrer (Nom. Pl.)

3. ***amīcum meliōrem, amīcum optimum – templa minōra, templa minima – hominum plūrium, hominum plūrimōrum***

3.4 Adverbien

1. ***similiter – bene – miserē – fēlīciter – sapienter***

2. ***iūstē → iūstius → iūstissimē – fortiter → fortius → fortissimē – pulchrē → pulchrius → pulcherrimē – ācriter → ācrius → ācerrimē***

3.5 Check-up Adjektive

1. ***lōngōrum – lōngā – grave – gravibus – asperās – asperī – pauperibus – pauperum – fēlīcēs – fēlīcī***

2.

Positiv	Komparativ	Superlativ
brevis	*brevior*	*brevissimus*
māgna	*māior*	*māxima*
dissimilēs	*dissimiliorēs*	*dissimillimae*
novum	*noviōrem*	*novissimum*
parcōrum	*parciōrum*	*parcissimōrum*

3. Adverbien: ***turpissimē, hūmānē, ignārē, humillimē, antiquissimē***
Adjektive: ***simile, vetere, patientiōre, familiāre***

4. ***lēgātī potentēs*** mächtige Gesandten/***lēgātī potentis*** des mächtigen Gesandten – ***iuvenem pulchrum*** den schönen (jungen) Mann – ***dōna pulchra/parva*** schöne/kleine Geschenke – ***rēbus pulchrīs/parvīs*** (mit) den schönen/kleinen Dingen – ***imperātōrēs potentēs*** mächtige Feldherren – ***pars parva*** der kleine Teil – ***magistrātuī potentī*** dem mächtigen Beamten – ***fābulārum pulchrārum*** der schönen Erzählungen – ***rēge potentī*** mit dem mächtigen König

5. **1.** ***INCERTAE*** – **2.** ***INIMICOS*** – **3.** ***FORTE*** – **4.** ***MILITARI*** – **5.** ***FALSIORI*** – **6.** ***LEVIUM*** – **7.** ***UTILIS***
Das Lösungswort ist ***FORTUNA*** (Schicksal, Glück).

6. **1.** Caesar war berühmter als Crassus. – **2.** Eine römische Legion hat mehr Soldaten als eine Kohorte. – **3.** Das Landhaus des Großvaters ist älter und schöner als das des Nachbars. – **4.** Die Bauern waren freier und glücklicher als die Sklaven, die sehr hart arbeiteten. – **5.** Bald werden überaus große Gebäude schnell gebaut werden.

4 Pronomina

4.1 Personal- und Possessivpronomina

1. **1.** ***tibī:*** Ich gebe dir das/ein Geschenk. – **2.** ***mēcum:*** Die Kinder spielen mit mir. – **3.** ***vōs:*** Gaius erwartet euch. – **4.** ***nōs:*** Bald werdet ihr uns helfen. – 5. ***Nōbīs:*** Es ist uns erlaubt, untätig zu sein.

2. **1.** ***nostrīs agrīs:*** (mit) unseren Feldern (Dat./Abl. Pl.) – **2.** ***meae domūs:*** meines Hauses (Gen. Sg.)/meine Häuser (Nom. Pl.); ***meās domūs:*** meine Häuser (Akk. Pl.) – **3.** ***suae epistulae:*** seines/ihres Briefes (Gen. Sg.)/seinem/ihrem Brief (Dat. Sg.)/seine/ihre Briefe (Nom. Pl.) – **4.** ***vestrum canem:*** euren Hund – **5.** ***tuae speī:*** deiner Hoffnung (Gen./Dat. Sg.)

4.2 Demonstrativpronomina

1. ***istīus – ista – istō – istī – eaedem – idem – eīsdem/iīsdem – eōrundem – hīs – hoc – huius – hāc***

2. ***ipsīus:*** Gen. Sg. m./f./n. → ***ipsōrum, ipsārum, ipsōrum – ipsōs:*** Akk. Pl. m. → ***ipsum – ipsa:*** Nom. Sg. f. → ***ipsae;*** Nom./Akk. Pl. n. → ***ipsum – ipsam:*** Akk. Sg. f. → ***ipsās – ipsīs:*** Dat. Pl. m./f./n. → ***ipsī;*** Abl. Pl. m./f./n. → ***ipsō, ipsā, ipsō***

3. ***iīsdem servīs*** (mit) denselben Sklaven (Dat./Abl. Pl.) – ***eōdem ōrātōre*** mit demselben Redner – ***eārundem rērum*** derselben Dinge – ***eadem templa*** dieselben Tempel (Nom./Akk. Pl.) – ***eiusdem amīcae*** derselben Freundin

4. **1.** Caesar schrieb jenes Buch. (***illum:*** Akk. Sg. m.) Er war aber kein Dichter. (***is:*** Nom. Sg. m.) – **2.** In früheren Zeiten fürchteten die Menschen die Götter, in heutiger Zeit verehren sie (nur) wenige. (***illīs*** Abl. Pl. n.; ***hōc:*** Abl. Sg. n.; ***eōs:*** Akk. Pl. m. – **3.** Die Römer erwarteten dieses Heer (dort) der Gallier. Dasselbe hatte sie in jener Provinz besiegt. (***istum:*** Akk. Sg. m.; ***idem:*** Nom. Sg. m.; ***eōs:*** Akk. Pl. m.; ***illā:*** Abl. Sg. f.)

4.3 Relativ- und Interrogativpronomina

1. **1.** ***quae:*** Die Sklavin, die gut arbeitet, wird vom Herrn gelobt. – **2.** ***quī:*** Der Lehrer ermahnt die Schüler, die sich nicht gut (richtig) bemühen. – **3.** ***quem:*** Der Gladiator, den wir sehr bewundern, hat tapfer gekämpft. – **4.** ***quae:*** Caesar liebte Cleopatra, die die Königin Ägyptens war. – **5.** ***cuius:*** Die Freundin, deren Name Cornelia ist, erwartet mich bereits.

2. **1.** ***Quis:*** Wer ist an den Toren? – **2.** ***Quī:*** Welcher Schüler weiß das? – **3.** ***Quid:*** Was hast du gesagt? – **4.** ***Cui:*** Welcher Göttin opferten sie?

3. ***quōrum:*** Gen. Pl. m./n. (adjekt.) – ***cuius:*** Gen. Sg. m./f./n. – ***quō:*** Abl. Sg. m./n. – ***quis:*** Nom. Sg. m./f. (subst.) – ***quod:*** Nom./Akk. Sg. n. (adjekt.) – ***quae:*** Nom. Sg./Pl. f./Nom./Akk. Pl. n. (adjekt.) – ***quid:*** Nom./Akk. Sg. n. (subst.) – ***quibus:*** Dat./Abl. Pl. m./f./n. (adjekt.) – ***quem:*** Akk. Sg. m.

4.4 Indefinitpronomina und Pronominaladjektive

1. **1.a) – 2.b) – 3.b) – 4.c) – 5.b)**

2. ***cuiusvis – quaevis – quāvis – quibusdam – quiddam – quārundam – ā nūllō – nūllīus – nēminem***

3. **1.** ***Ūnus:*** Einer der Gallier kam zu Caesar. – **2.** ***Aliquis:*** Irgendeiner von uns wird das Essen vorbereiten. – **3.** ***aliīs ... aliīs:*** Wir gaben den einen Speisen, den anderen Wasser.

4.5 Korrelativpronomina

1. ***quālibus → tālibus – quāle → tāle – quantōs → tantōs – quālia → tālia – quālī → tālī – quantī → tantī – quantam → tantam – quālēs → tālēs***

2. **1.** Wie viele Menschen wohnen in dieser Stadt? Wie groß ist die Stadt? (***quot:*** indekl.; ***quantum:*** Nom. Sg. n.) – **2.** Gaius ist so, wie er zu sein scheint. (***tālis/quālis:*** Nom. Sg. m.)

4.6 Check-up Pronomina

1. ***illīus:*** Gen. Sg. m./f./n., Demonstrativpr. – ***quibus:*** Dat./Abl. Pl. m./f./n., Relativ- oder adjekt. Interrogativpr. – ***mihī:*** Dat., Personalpr. der 1. Pers. Sg. – ***eadem:*** Nom. Sg. f./Nom./Akk. Pl. n., Demonstrativpr. – ***huic:*** Dat. Sg. m./f./n., Demonstrativpr. – ***iī:*** Nom. Pl. m., Demonstrativpr. – ***quaelibet:*** Nom. Sg./Pl. f./Nom./Akk. Pl. n., Indefinitpr. – ***tē:*** Akk., Personalpr. der 2. Pers. Sg. – ***aliquōrum:*** Gen. Pl. m./n., Indefinitpr.

2. Akk. Sg.
eundem, eandem, idem
illum, illam, illud
quem, quam, quod
hunc, hanc, hoc
eum, eam, id

Gen. Pl.
eōrundem, eārundem, eōrundem
illōrum, illārum, illōrum
quōrum, quārum, quōrum
hōrum, hārum, hōrum
eōrum, eārum, eōrum

3. ***ipsō*** selbst (Abl. Sg. m./n.) – ***vōs*** ihr, euch – ***cuius*** dessen, deren – ***sībi*** sich – ***istud*** dieses/das dort

4. ***is – eōrum – eārum – eam – eae – ea***
sōla – sōlī – sōlī – sōlīs – sōlus – sōlum
hoc – haec – hās – hīs – huius – huius
tuus – tuō – tuō – tua – tuum – tuam
quae (Nom. Sg./Pl. f. oder Nom./Akk. Pl. n.!) – ***quārum (quōrum) – quōrum – cui – quibus – quibus***

5. 1. Die Menschenmenge bewundert einen Gladiator, der vom Kaiser gegrüßt wird. (***aliquem:*** Akk. Sg. m.; ***quī:*** Nom. Sg. m.) – **2.** Marcus kommt aus irgendeinem dieser Gebäude heraus. (***aliquō:*** Abl. Sg. n.; ***hōrum:*** Gen. Pl. n.) – **3.** Wer von euch hat diese Verse (da) geschrieben? (***quis:*** Nom. Sg. m./f.; ***vestrum:*** Gen., 2. Pers. Pl.; ***istōs:*** Akk. Pl. m.)

6. 1. ***QUORUMLIBET*** – **2.** ***ALIQUOD*** – **3.** ***NOSTER*** - **4.** ***QUOD*** – **5.** ***EISDEM*** – **6.** ***EAM*** – **7.** ***QUA*** –
8. ***IPSIS***
Das gesuchte Wort ist: ***NEUTRUM*** (sächliches Geschlecht).

5 Numeralia

5.3 Check-up Numeralia

1. ***duo mīlia passuum*** 2000 Schritte – ***quīngentī/quīngentōs mīlitēs*** 500 Soldaten (Nom./Akk. Pl.) – ***octingentīs hominibus*** (mit) 800 Menschen (Dat./Abl. Pl.) – ***tria templa*** drei Tempel (Nom./Akk. Pl.) – ***quīnque līberōrum*** der fünf Kinder – ***duo/duōs diēs*** zwei Tage (Nom./Akk. Pl.) – ***quīnquāgintā senātōrēs*** 50 Senatoren (Nom./Akk. Pl.) – ***sex domūs*** sechs Häuser (Nom./Akk. Pl.) – ***mīlle rēgīnae*** 1000 Königinnen

2. Agrippina Septima/die siebte – Marcus Fabius Quintilianus/der fünfte (= röm. Rhetoriker, dessen Beiname Quintilianus war) – Diana Decima/die zehnte – Plinius Quintus/der fünfte – Gaius Iulius Caesar Augustus Octavianus/der achte (= Titel von Kaiser Augustus, der aus der ***gens Octāviāna*** – der oktavianischen Familie – stammte)

3. Grundzahlen: ***nōngentae:*** Nom. Pl. f. – ***tribus:*** Dat./Abl. Pl. f./m./n. – ***mīlia:*** Nom./Akk. Pl. n.
Ordnungszahlen: ***sextī:*** Gen. Sg. m./n./Nom. Pl. m. – ***tertiō:*** Dat./Abl. Sg. m./n. – ***nōnam:*** Akk. Sg. f.
Distributivzahlen: ***singulōrum:*** Gen. Pl. m./n. – ***octōnīs:*** Dat./Abl. Pl. m./f./n. – ***bīnōs:*** Akk. Pl. m.
Zahladverbien: ***deciēs – ter – octiēs***

7 Check-up Deklinationen

1. ***montēs altōs – artis līberālis – flammārum rūbrārum*** (Gen.)/***flammīs rūbrīs*** (Dat.)/***flamma rūbra*** (Nom.) – ***dieī paucō/-ae*** (Dat.)/***diē paucō/-ā*** (Abl., Genus je nach Bedeutung!) – ***amīcitiae veteris – fundāmentum ingēns – summō generī*** (Dat.)/***summō genere*** (Abl.)

2. Die Soldaten gelangten an den Fluss. Sie errichteten drei sehr große Brücken über diesen. (***mīlitēs:*** Nom. Pl. m.; ***flumen:*** Akk. Sg. n.; ***iī:*** Nom. Pl. m.; ***trēs:*** Akk. Pl. m.; ***māximōs:*** Akk. Pl. m.; ***pontēs:*** Akk. Pl. m.; ***eō:*** Abl. Sg. m.
Viele Städte, die wir heute kennen, sind von den alten Römern gegründet worden. (***multae:*** Nom. Pl. f.; ***urbēs:*** Nom. Pl. f.; ***quās:*** Akk. Pl. f.; ***Rōmānīs:*** Abl. Pl. m.; ***antīquīs:*** Abl. Pl. m.)

3. ***parēre: parentēs, -um*** *m.* Eltern – ***fīdere: fīdus, -a, -um*** treu, ***fidēlis, -e*** treu, ***fidēs, -eī*** *f.* Treue – ***domĭnarī: dominus, -ī*** *m.* Herr, ***domina, -ae*** *f.* Herrin – ***aedificāre: aedificium, -ī*** *n.* Haus, Gebäude – ***captāre: captīvus, -a, -um*** (kriegs)gefangen, ***captīvus, -ī*** *m.* (Kriegs-)Gefangener – ***dīligere: dīligēns, -ntis*** sorgfältig, genau, ***dīligentia, -ae*** *f.* Sorgfalt – ***errāre: errātum, -ī*** *n.*/***error, -ōris*** *m.* Irrtum, Fehler

4. ***CUNCTI – IPSA – SORS – DUCENTAS – CASUI – HAEC – IRA – LUDIS – CUIUS – ILLIUS – RES – SPATIA – UXORIBUS – EAS – MORIS – EUNDEM – SOL – OMNE – DUCE – BOUM – ME – ROMA – AMORIS – EI – TUTO – SE – II***

5. 1. u-Deklination: ***adventus, -ūs*** *m.* Ankunft – **2.** i-Stämme der 3. Deklination: ***turris, -is*** *f.* Turm – **3.** kons. Stämme der 3. Deklination: ***senātor, -ōris*** *m.* Senator – **4.** e-Deklination: ***perniciēs, -ēī*** *f.* Verderben – **5.** a-Deklination: ***aqua, -ae*** *f.* Wasser – **6.** Mischklasse der 3. Deklination: ***urbs, urbis*** *f.* Stadt – **7.** o-Deklination: ***animus, -ī*** *m.* Geist, Mut

6. Numeralia: ***duo, -ae, -o → duōrum, duārum, duōrum; singulī, -ae, -a → singulōrum, -ārum, -ōrum; vīcēsimus, -a, -um → vīcēsimī, -ae, -ī; ūnus, -a, -um → ūnīus***
Adjektive: ***facilis, -e → facilis; malus, -a, -um → malī, -ae, -ī; dexter, -tra, -trum → dextrī, -trae, -trī; sapiēns, -ntis → sapientis***
Pronomina: ***aliquī, -quae, -quod → alicuius; nēmō → nūllīus; iste, -a, -ud → istīus; nihil → nūllīus reī; ūnus, -a, -um → ūnīus***

7. 1. ***prōvinciās/brevī/oppida:*** Die Gallier drangen in die römischen Provinzen ein und eroberten in kurzer Zeit viele Städte. – **2.** ***exercitum/cui/duo:*** Deshalb befahl der Senat, ein gewaltiges Heer aufzustellen (zu sammeln), das zwei Konsuln führten (an dessen Spitze zwei Konsuln standen). – **3.** ***lātum/inimīcōs/illōs:*** An einem breiten Fluss kämpfte das Heer der Römer tapfer gegen die feindlichen Gallier und besiegte jene.

8. ***annōrum – noctis – istīus – tōtīus – factī – mōtūs – flammae/-ārum – opīniōnis – variae/-ōrum – rērum***

9. ***animum firmissimum*** den äußerst starken Geist/Mut – ***animālibus saeviōribus*** (mit) den schrecklichen Tieren – ***reī pūblicae*** des Staates/dem Staat – ***dōna pulchra*** die schönen Geschenke – ***collibus altissimīs*** (mit) den überaus hohen Hügeln – ***partium trium*** der drei Teile – ***campī ampliōrēs*** die weiteren/sehr weiten Felder – ***viās sacrās (ampliōrēs)*** die heiligen (breiteren) Straßen – ***senī sapientī*** dem weisen, alten Mann

10. ***patris:*** Gen. Sg. m. – ***minus:*** Nom./Akk. Sg. n. – ***fluctuī:*** Dat. Sg. m. – ***lūcēs:*** Nom./Akk. Pl. f. – ***montēs:*** Nom./Akk. Pl. m. – ***duās:*** Akk. Pl. f. – ***nōmina:*** Nom./Akk. Pl. n. – ***pontis:*** Gen. Sg. m. – ***dūrās:*** Akk. Pl. f. – ***fugam:*** Akk. Sg. f.

11. 1. Wildes Tier, das oft in Wäldern lebt: ***lupus*** *m.* Wolf → ***lupō*** – **2.** Sie wohnen in Städten und Dörfern: ***incolae*** *m.* Einwohner → ***incolae*** – **3.** die ersten, zweiten, ...: ***tertiī*** die dritten → ***tertiō*** – **4.** nicht fröhlich: ***trīstis, -e*** traurig → ***trīstium*** – **5.** Hunde sind ...: ***animālia*** Tiere → ***animālibus*** – **6.** Land auf dem Meer: ***īnsula, -ae*** *f.* Insel → ***īnsulās*** – **7.** Viele reiche Menschen sind ...: ***avārī*** geizig → ***avārum***; Lösungswort: **LATINUM**

Vokabelverzeichnis

A

abicere, -iciō, -iēcī, -iectum weg-, hinwerfen; aufgeben
ācer, -cris, -cre spitz, scharf, heftig
aciēs, -ēī *f.* Schärfe; Schlacht
ad (+ Akk.) zu … hin, an, bei
adiuvāre, -iuvō, -iūvī, -iūtum unterstützen, helfen
admirārī, -or, -tus sum bewundern; sich wundern
admonēre, -eō, -uī, -itum erinnern, ermahnen
adventus, -ūs *m.* Ankunft
aedificāre, -ō, -vī, -tum bauen, errichten
aedificium, -ī *n.* Bauwerk, Gebäude
aedēs, -ium *f.* Haus
āēr, -is *m.* Luft
ager, agrī *m.* Feld, Acker; Gebiet
agere, -ō, ēgī, actum (be)treiben, (ver)handeln
agricola, -ae *m.* Bauer
altus, -a, -um hoch; tief
amāre, -ō, -vī, -tum lieben, mögen
amīca, -ae *f.* Freundin
amīcitia, -ae *f.* Freundschaft
amīcus, -ī *m.* Freund
amor, -ōris *m.* Liebe
amplus, -a, -um weit, groß; geräumig
anima, -ae *f.* Atem; Seele; Leben
animal, -is *n.* Lebewesen; Tier
animus, -ī *m.* Geist, Verstand; Mut; Herz
annus, -ī *m.* Jahr
antīquus, -a, -um alt, altertümlich, ehrwürdig
aqua, -ae *f.* Wasser
arcus, -ūs *m.* (Triumph)Bogen
ars, artis *f.* Kunst
asper, -era, -erum rau, hart
audācia, -ae *f.* Kühnheit, Verwegenheit
audāx, -cis kühn, mutig
audīre, -iō, -vī, -itum (zu)hören
autem aber, jedoch
avārus, -a, -um habsüchtig, geizig, gierig
avia, -ae *f.* Großmutter
avis, -is *f.* Vogel
avus, -ī *m.* Großvater

B

bestia, -ae *f.* (wildes) Tier, Untier
bonus, -a, -um gut, tüchtig
bōs, bovis *m./f.* Rind
brevis, -e kurz

C

campus, -ī *m.* Feld, Ebene
canis, -is *m.* Hund
cantāre, -ō, -vi, -tum singen
captāre, -ō, -vī, -tum fangen, jagen
captīvus, -a, -um gefangen; Subst.: Gefangener
carpere, -pō, -psī, -ptum nutzen, genießen; pflücken
castra, -ōrum *n.* (Heer)Lager
cāsus, -ūs *m.* (Zu)Fall
cavēre, -eō, cāvī, cautum (+ Akk.) sich hüten, in Acht nehmen (vor)
celer, -ris, -re schnell, rasch
cēna, -ae *f.* Essen, Gastmahl
cibus, -ī *m.* Speise, Nahrung
cīvis, -is *m.* (Mit)Bürger
clādēs, -is *f.* Niederlage, Verlust
clāmāre, -ō, -vī, -tum rufen, schreien
clārus, -a, -um hell, klar; berühmt
cōgere, -ō, coēgī, coāctum zwingen; sammeln
cohors, -tis *f.* Kohorte
colere, -ō, -uī, cultum bebauen; pflegen; verehren
collis, -is *m.* Hügel, Anhöhe
condere, -ō, -didī, -ditum gründen
cōnsul, -is *m.* Konsul
cōpiae, -ārum *f.* Truppen, Streitkräfte
cornū, -ūs *n.* Horn; Flügel (des Heeres)
crēber, -bra, -brum häufig, zahlreich
cum (+ Abl.) (zusammen) mit
cūr? warum?
currere, -ō, cucurrī, cursum laufen, rennen

D

dāre, dō, dedī, datum geben
dea, -ae *f.* Göttin
deus, -ī *m.* Gott
dexter, -tra, -trum rechts
dīcere, -ō, dīxī, dictum sagen, sprechen, nennen
diēs, -ēī *m./f.* Tag (m.); Termin (f.)
difficilis, -is schwierig, mühsam
dīligere, -ō, -lēxī, -lēctum lieben, schätzen
discipula, -ae *f.* Schülerin
discipulus, -ī *m.* Schüler
dissimilis, -e unähnlich, verschieden
diū (Adv.) lange (Zeit)
dīvīnus, -a, -um göttlich
dīves, -itis reich
dominārī, -or, -ātus sum (be)herrschen
dominus, -ī *m.* Herr
domus, -ūs *f.* Haus
dōnum, -ī *n.* Geschenk, Gabe
dūrus, -a, -um hart, mühselig, rauh
dux, ducis *m./f.* Führer/in, Feldherr

E

emere, emō, ēmī, emptum nehmen, kaufen
epistula, -ae *f.* Brief
equus, -ī *m.* Pferd
errāre, -ō, -vī, -tum umherirren, sich irren
esse, sum, fui sein
et und; auch
et ... et sowohl ... als auch
exercitus, -ūs *m.* Heer
exīre, -eō, -iī, -itum hinausgehen; ausrücken
exitus, -ūs *m.* Ausgang, Ergebnis, Tod
explicāre, -ō, -vī, -tum erklären; ausführen
expūgnāre, -ō, -vī, -tum erstürmen, erobern
exspectāre, -ō, -vī, -tum erwarten, warten auf

F

fābula, -ae *f.* Erzählung, Geschichte
facere, -iō, fēcī, factum tun, machen; herstellen
faciēs, -ēī *f.* Gestalt, Aussehen, Gesicht
facilis, -e leicht (zu tun), mühelos
factum, -ī *n.* Tat, Handlung, Ereignis
falsus, -a, -um falsch, unwahr; unecht
familia, -ae *f* Familie
familiāris, -e Haus..., vertraut
fēlīx, -icis glücklich
ferōcia, -ae *f.* Unerschrocken-, Wildheit
ferōx, -ōcis wild, trotzig
fidēs, -eī *f.* Treue, Glaube, Vetrauen
fīdere, -ō, fīsus sum (ver)trauen
fīdus, -a, -um treu, zuverlässig
fīlia, -ae *f.* Tochter
fīlius, -ī *m.* Sohn
fīnis, -is *m.* Grenze; Ende
firmus, -a, -um stark, fest; zuverlässig
flamma, -ae *f.* Flamme, Feuer
flūctus, -ūs *m.* Strömung, Flut
flūmen, -inis *n.* Fluss, Strom
forma, -ae *f.* Gestalt, Form, Schönheit
fortis, -e tapfer, mutig; stark
forum, -ī *n.* Marktplatz, Forum

fuga, -ae *f.* Flucht, Verbannung
fundāmentum, -ī *n.* Grund(lage), Fundament

G

gēns, -ntis *f.* Geschlecht, Stamm, Volk
genū, -ūs *n.* Knie
genus, -eris *n.* Geschlecht, Gattung, Art
gladiātor, -ōris *m.* Gladiator
glōria, -ae *f.* Ruhm
gravis, -e schwer; ernst

H

habēre, -eō, -uī, -itum haben, halten, besitzen
hodiē (Adv.) heute
homō, -inis *m.* Mensch
hōra, -ae *f.* Stunde
hostis, -is *m.* Feind
hūmānus, -a, -um menschlich
humilis, -e niedrig, gering; demütig

I

iam (Adv.) schon, bereits
īgnārus, -a, -um unwissend, nichts ahnend
immānis, -e ungeheuer, riesig, schrecklich
imperāre, -ō, -vī, -tum befehlen; herrschen
imperātor, -ōris *m.* Feldherr; Herrscher, Kaiser
impetus, -ūs *m.* Angriff
incola, -ae *m.* Ein-, Bewohner
incolere, -ō, -uī, -cultum (be)wohnen
ingēns, -ntis ungeheuer, gewaltig
inimīcus, -a, -um feindlich; Subst.: Feind
invādere, -ō, -vāsī, -vāsum einfallen, angreifen, eindringen
īnsula, -ae *f.* Insel
iter, itineris *n.* Weg, Reise, Marsch
iūstus, -a, -um gerecht, rechtmäßig
iuvenis, -is *m.* junger Mann

L

labōrāre, -ō, -vī, -tum arbeiten, sich anstrengen
lacus, -ūs *m.* See, Teich
laetus, -a, -um froh, fröhlich
laudāre, -ō, -vī, -tum loben
lēgātus, -ī *m.* Abgesandter, Legat
legiō, -ōnis *f.* Legion
levis, -e leicht, leichtsinnig
liber, -brī *m.* Buch
līber, -era, -erum frei, unabhängig
līberālis, -e frei, edel, freigiebig
līberī, -ōrum *m.* Kinder
licet es ist erlaubt
litterae, -ārum *f.* Brief; Wissenschaft

lōngus, -a, -um lang, weit
lūcēre, -eō, -xī leuchten, strahlen
lūdus, -ī *m.* Spiel; Schule
lūdere, -ō, lūsī, lūsum spielen, scherzen
lūna, -ae *f.* Mond
lupus, -ī *m.* Wolf
lūx, lūcis *f.* Licht

M

maestus, -a, -um traurig, betrübt
magister, -trī *m.* Lehrer
magistrātus, -ūs *m.* Amt, Behörde; Beamter
māgnus, -a, -um groß; bedeutend
malus, -a, -um schlecht, schlimm, böse
mare, -is *n.* Meer
mīles, -itis *m.* Soldat
mīlitāris, -e militärisch, soldatisch
miser, -era, -erum elend, unglücklich, armselig
mōns, -ntis *m.* Berg
mōs, mōris *m.* Sitte, Brauch, Art
mōtus, -ūs *m.* Bewegung, Lauf; Antrieb
mox (Adv.) bald
multī, -ae, -a viele
multitūdō, -inis *f.* Menge, Vielzahl

N

nātiō, -ōnis *f.* Volk(sstamm)
nauta, -ae *m.* Seemann, Matrose
nāvis, -is *f.* Schiff
nōmen, -inis *n.* Name; Begriff
nōn nicht
nōscere, -ō, nōvī, nōtum kennen lernen, erfahren
nox, noctis *f.* Nacht

O

oppidum, -ī *n.* (befestigte) Stadt
opīniō, -ōnis *f.* Vermutung, Meinung
opprimere, -ō, -pressī, -pressum unterdrücken; überfallen
orātiō, -ōnis *f.* Rede; Sprache; Gebet
orātor, -ōris *m.* Sprecher, Redner
otiōsus, -a, -um untätig; ruhig; sorglos

P

parāre, -ō, -vī, -tum (vor)bereiten
parcus, -a, -um sparsam; enthaltsam
pārēre, -eō, -uī, -itum gehorchen
pars, -tis *f.* Teil; Richtung
parvus, -a, -um klein, gering
passus, -ūs *m.* Schritt; Doppelschritt
pater, -tris *m.* Vater
patiēns, -ntis geduldig
paucī, -ae, -a wenige
pauper, -eris arm
pecūnia, -ae *f.* Geld
perniciēs, -ēī *f.* Verderben, Untergang
pervenīre, -veniō, -vēnī, -ventum gelangen, hinkommen
philosophus, -ī *m.* Philosoph
pīrāta, -ae *m.* Pirat, Seeräuber
plūrēs, -a mehrere
poēta, -ae *m.* Dichter, Poet
pōns, -ntis *m.* Brücke
porta, -ae *f.* Tür, Tor
posse, possum, potuī können
potēns, -ntis mächtig
praeesse, -sum, -fuī (+ Dat.) an der Spitze stehen, leiten
prīnceps, -cipis erster, angesehenster
prōdesse, -sum, -fui nützen, nützlich sein
prōvincia, -ae *f.* Provinz
puella, -ae *f.* Mädchen
puer, puerī *m.* Junge; Kind
pūgnāre, -ō, -vī, -tum kämpfen
pulcher, -chra, -chrum schön, hübsch
pūblicus, -a, -um öffentlich, allgemein, staatlich

Q

quam als
quia weil

R

reditus, -ūs *m.* Rückkehr
regīna, -ae *f.* Königin
regiō, -ōnis *f.* Gegend, Gebiet; Richtung
rēs, -eī *f.* Sache, Ding, Angelegenheit
rēx, rēgis *m.* König

S

sacer, -cra, -crum heilig, geweiht; verflucht
sacerdōs, -ōtis *m./f.* Priester(in)
sacrificāre, -ō, -vī, -tum opfern
saepe (Adv.) oft
saevus, -a, -um wütend; schrecklich
sapiēns, -ntis weise, vernünftig
scīre, sciō, scīvī, scītum wissen, verstehen
scrībere, -bō, -psī, -ptum schreiben, verfassen
senātor, -ōris *m.* Senator

***senātus, -ūs** m.* Senat; Senatsversammlung
***senex, senis** m.* alter Mann, Greis
***serva, -ae** f.* Sklavin
***servus, -ī** m.* Sklave
sevērus, -a, -um ernst, streng
***silva, -ae** f.* Wald
similis, -e ähnlich
***socius, -ī** m.* Gefährte; Verbündeter
***sonus, -ī** m.* Ton, Klang, Laut
***spēs, -eī** f.* Hoffnung, Erwartung
studēre, -eō, -uī sich bemühen; wollen
***studium, -ī** n.* Eifer, Bemühung

T

***templum, -ī** n.* Tempel; Heiligtum
***tempus, -oris** n.* Zeit
***terra, -ae** f.* Erde, Land
***theātrum, -ī** n.* Theater
timēre, -eō, -uī fürchten; besorgt sein
***tribūnus, -ī** m.* Volkstribun
***turba, -ae** f.* Durcheinander; Menge
***turris, -is** f.* Turm

U

***urbs, urbis** f.* Stadt
***ūsus, -ūs** m.* Gebrauch, Nutzen
ūtilis, -e brauchbar, nützlich

V

valdē (Adv.) sehr
varius, -a, -um mannigfaltig, bunt
venīre, -iō, vēnī, ventum kommen
***versus, -ūs** m.* Zeile, Vers
vetus, -eris alt; ehemalig
***via, -ae** f.* Straße, Weg
vicīnus, -a, -um nahe, benachbart; Subst.: Nachbar(in)
***vīcus, -ī** m.* Dorf; Gasse; Stadtviertel
vidērī, -eor, vīsus sum scheinen, gelten als
***vīlla, -ae** f.* Landhaus, -gut
vincere, -ō, vīcī, victum siegen, besiegen
***vīs** f.* Gewalt, Kraft
Pl. ***vīrēs, -ium** f.* Streitkräfte
vīsitāre, -ō, -vī, -tum besuchen, besichtigen
***vīta, -ae** f.* Leben
vīvus, -a, -um lebend(ig); zu Lebzeiten
vocāre, -ō, -vī, -tum rufen, nennen

Deklinationen auf einen Blick

Substantive

a-Deklination		
		f.
Singular	Nom.	*anima*
	Gen.	*animae*
	Dat.	*animae*
	Akk.	*animam*
	Abl.	*animā*
Plural	Nom.	*animae*
	Gen.	*animārum*
	Dat.	*animīs*
	Akk.	*animās*
	Abl.	*animīs*

o-Deklination				
		Substantive auf *-us*	auf *-er*	auf *-um*
		m.	m.	n.
Singular	Nom.	*amīcus*	*puer*	*templum*
	Gen.	*amīcī*	*puerī*	*templī*
	Dat.	*amīcō*	*puerō*	*templō*
	Akk.	*amīcum*	*puerum*	*templum*
	Abl.	*amīcō*	*puerō*	*templō*
	Vok.	*amīce!*		
Plural	Nom.	*amīcī*	*puerī*	*templa*
	Gen.	*amīcōrum*	*puerōrum*	*templōrum*
	Dat.	*amīcīs*	*puerīs*	*templīs*
	Akk.	*amīcōs*	*puerōs*	*templa*
	Abl.	*amīcīs*	*puerīs*	*templīs*

3. Deklination		konsonantische Stämme		i-Stämme		Mischklasse
		f.	n.	f.	n.	m.
Singular	Nom.	*lēx*	*opus*	*turris*	*animal*	*hostis*
	Gen.	*lēgis*	*operis*	*turris*	*animālis*	*hostis*
	Dat.	*lēgī*	*operī*	*turrī*	*animālī*	*hostī*
	Akk.	*lēgem*	*opus*	*turrim*	*animal*	*hostem*
	Abl.	*lēge*	*opere*	*turrī*	*animālī*	*hoste*
Plural	Nom.	*lēgēs*	*opera*	*turrēs*	*animālia*	*hostēs*
	Gen.	*lēgum*	*operum*	*turrium*	*animālium*	*hostium*
	Dat.	*lēgibus*	*operibus*	*turribus*	*animālibus*	*hostibus*
	Akk.	*lēgēs*	*opera*	*turrēs(īs)*	*animālia*	*hostēs*
	Abl.	*lēgibus*	*operibus*	*turribus*	*animālibus*	*hostibus*

u-Deklination			
		m.	n.
Singular	Nom.	*passus*	*cornū*
	Gen.	*passūs*	*cornūs*
	Dat.	*passuī*	*cornū*
	Akk.	*passum*	*cornū*
	Abl.	*passū*	*cornū*
Plural	Nom.	*passūs*	*cornua*
	Gen.	*passuum*	*cornuum*
	Dat.	*passibus*	*cornibus*
	Akk.	*passūs*	*cornua*
	Abl.	*passibus*	*cornibus*

e-Deklination		
		f.
Singular	Nom.	*rēs*
	Gen.	*reī*
	Dat.	*reī*
	Akk.	*rem*
	Abl.	*rē*
Plural	Nom.	*rēs*
	Gen.	*rērum*
	Dat.	*rēbus*
	Akk.	*rēs*
	Abl.	*rēbus*

Adjektive

Adjektive der a-/o-Deklination							
		Adjektive auf *-us, -a, -um*			Adjektive auf *-er, -(e)ra, -(e)rum*		
		m.	f.	n.	m.	f.	n.
Singular	Nom.	*māgnus*	*māgna*	*māgnum*	*līber*	*lībera*	*līberum*
	Gen.	*māgnī*	*māgnae*	*māgnī*	*līberī*	*līberae*	*līberī*
	Dat.	*māgnō*	*māgnae*	*māgnō*	*līberō*	*līberae*	*līberō*
	Akk.	*māgnum*	*māgnam*	*māgnum*	*līlberum*	*līlberam*	*līlberum*
	Abl.	*māgnō*	*māgnā*	*māgnō*	*līberō*	*līberā*	*līberō*
Plural	Nom.	*māgnī*	*māgnae*	*māgna*	*līberī*	*līberae*	*lībera*
	Gen.	*māgnōrum*	*māgnārum*	*māgnōrum*	*līberōrum*	*līberārum*	*līberōrum*
	Dat.	*māgnīs*	*māgnīs*	*māgnīs*	*līberīs*	*līberīs*	*līberīs*
	Akk.	*māgnōs*	*māgnās*	*māgna*	*līberōs*	*līberās*	*lībera*
	Abl.	*māgnīs*	*māgnīs*	*māgnīs*	*līberīs*	*līberīs*	*līberīs*

Adjektive der 3. Deklination							
		konsonantische Stämme			**i-Stämme**		
		m.	f.	n.	m.	f.	n.
Singular	Nom.	*pauper*	*pauper*	*pauper*	*celer*	*celeris*	*celere*
	Gen.	*pauperis*	*pauperis*	*pauperis*	*celeris*	*celeris*	*celeris*
	Dat.	*pauperī*	*pauperī*	*pauperī*	*celerī*	*celerī*	*celerī*
	Akk.	*pauperem*	*pauperem*	*pauper*	*celerem*	*celerem*	*celere*
	Abl.	*paupere*	*paupere*	*paupere*	*celerī*	*celerī*	*celerī*
Plural	Nom.	*pauperēs*	*pauperēs*	*paupera*	*celerēs*	*celerēs*	*celeria*
	Gen.	*pauperum*	*pauperum*	*pauperum*	*celerium*	*celerium*	*celerium*
	Dat.	*pauperibus*	*pauperibus*	*pauperibus*	*celeribus*	*celeribus*	*celeribus*
	Akk.	*pauperēs*	*pauperēs*	*paupera*	*celerēs*	*celerēs*	*celeria*
	Abl.	*pauperibus*	*pauperibus*	*pauperibus*	*celeribus*	*celeribus*	*celeribus*

Pronomina

Personalpronomina

		1. Person	2. Person	3. Person (reflexiv)	3. Person (nicht-reflexiv)		
					m.	f.	n.
Singular	Nom.	*egō*	*tū*	–	*is*	*ea*	*id*
	Gen.	*meī*	*tuī*	*suī*	*eius*	*eius*	*eius*
	Dat.	*mihī*	*tibī*	*sibī*	*eī*	*eī*	*eī*
	Akk.	*mē*	*tē*	*sē*	*eum*	*eam*	*id*
	Abl.	*ā mē (mēcum)*	*ā tē (tēcum)*	*ā sē (sēcum)*	*eō*	*eā*	*eō*
Plural	Nom.	*nōs*	*vōs*	–	*ei/ii*	*eae*	*ea*
	Gen.	*nostrī/-trum*	*vestrī/-trum*	*suī*	*eōrum*	*eārum*	*eōrum*
	Dat.	*nōbīs*	*vōbīs*	*sibī*	*eīs/iīs*	*eīs/iīs*	*eīs/iīs*
	Akk.	*nōs*	*vōs*	*sē*	*eōs*	*eās*	*ea*
	Abl.	*ā nōbīs (nōbīscum)*	*ā vōbīs (vōbīscum)*	*ā sē (sēcum)*	*eīs/iīs*	*eīs/iīs*	*eīs/iīs*

Demonstrativpronomina

		ille, illa, illud			*hic, haec hoc*		
		m.	f.	n.	m.	f.	n.
Singular	Nom.	*ille*	*illa*	*illud*	*hic*	*haec*	*hoc*
	Gen.	*illīus*	*illīus*	*illīus*	*huius*	*huius*	*huius*
	Dat.	*illī*	*illī*	*illī*	*huic*	*huic*	*huic*
	Akk.	*illum*	*illam*	*illud*	*hunc*	*hanc*	*hoc*
	Abl.	*illō*	*illā*	*illō*	*hōc*	*hāc*	*hōc*
Plural	Nom.	*illī*	*illae*	*illa*	*hī*	*hae*	*haec*
	Gen.	*illōrum*	*illārum*	*illōrum*	*hōrum*	*hārum*	*hōrum*
	Dat.	*illīs*	*illīs*	*illīs*	*hīs*	*hīs*	*hīs*
	Akk.	*illōs*	*illās*	*illa*	*hōs*	*hās*	*haec*
	Abl.	*illīs*	*illīs*	*illīs*	*hīs*	*hīs*	*hīs*

		iste, ista, istud			ipse, ipsa, ipsum		
		m.	f.	n.	m.	f.	n.
Singular	Nom.	*iste*	*ista*	*istud*	*ipse*	*ipsa*	*ipsum*
	Gen.	*istīus*	*istīus*	*istīus*	*ipsīus*	*ipsīus*	*ipsīus*
	Dat.	*istī*	*istī*	*istī*	*ipsī*	*ipsī*	*ipsī*
	Akk.	*istum*	*istam*	*istud*	*ipsum*	*ipsam*	*ipsum*
	Abl.	*istō*	*istā*	*istō*	*ipsō*	*ipsā*	*ipsō*
Plural	Nom.	*istī*	*istae*	*ista*	*ipsī*	*ipsae*	*ipsa*
	Gen.	*istōrum*	*istārum*	*istōrum*	*ipsōrum*	*ipsārum*	*ipsōrum*
	Dat.	*istīs*	*istīs*	*istīs*	*ipsīs*	*ipsīs*	*ipsīs*
	Akk.	*istōs*	*istās*	*ista*	*ipsōs*	*ipsās*	*ipsa*
	Abl.	*istīs*	*istīs*	*istīs*	*ipsīs*	*ipsīs*	*ipsīs*

Relativ-/Interrogativpronomina

		quī, quae, quod			quis, quid	
		m.	f.	n.	m./f.	n.
Singular	Nom.	*quī*	*quae*	*quod*	*quis*	*quid*
	Gen.	*cuius*	*cuius*	*cuius*	*cuius*	*cuius*
	Dat.	*cui*	*cui*	*cui*	*cui*	*cui*
	Akk.	*quem*	*quam*	*quod*	*quem*	*quid*
	Abl.	*quō*	*quā*	*quō*	*quō*	*quō*
Plural	Nom.	*quī*	*quae*	*quae*		
	Gen.	*quōrum*	*quārum*	*quōrum*		
	Dat.	*quibus*	*quibus*	*quibus*		
	Akk.	*quōs*	*quās*	*quae*		
	Abl.	*quibus*	*quibus*	*quibus*		

Indefinitpronomina

		m.	f.	n.	m./f.	n.
Singular	Nom.	*aliquī*	*aliquae*	*aliquod*	*nēmō*	*nihil*
	Gen.	*alicuius*	*alicuius*	*alicuius*	*nūllīus*	*nūllīus reī*
	Dat.	*alicui*	*alicui*	*alicui*	*nēminī*	*nūllī reī*
	Akk.	*aliquem*	*aliquam*	*aliquod*	*nēminem*	*nihil (nil)*
	Abl.	*aliquō*	*aliquā*	*aliquō*	*ā nūllō*	*nūllā rē*
Plural	Nom.	*aliquī*	*aliquae*	*aliquae*	–	–
	Gen.	*aliquōrum*	*aliquārum*	*aliquōrum*		
	Dat.	*aliquibus*	*aliquibus*	*aliquibus*		
	Akk.	*aliquōs*	*aliquās*	*aliquae*		
	Abl.	*aliquibus*	*aliquibus*	*aliquibus*		

Pronominaladjektive		m.	f.	n.
Singular	Nom.	*nūllus*	*nūlla*	*nūllum*
	Gen.	*nūllīus*	*nūllīus*	*nūllīus*
	Dat.	*nūllī*	*nūllī*	*nūllī*
	Akk.	*nūllum*	*nūllam*	*nūllum*
	Abl.	*nūllō*	*nūllā*	*nūllō*
Plural	Nom.	*nūllī*	*nūllae*	*nūlla*
	Gen.	*nūllōrum*	*nūllārum*	*nūllōrum*
	Dat.	*nūllīs*	*nūllīs*	*nūllīs*
	Akk.	*nūllōs*	*nūllās*	*nūlla*
	Abl.	*nūllīs*	*nūllīs*	*nūllīs*

Numeralia

	m.	f.	n.	m.	f.	n.	m./f.	n.
Nom.	*ūnus*	*ūna*	*ūnum*	*duo*	*duae*	*duo*	*trēs*	*tria*
Gen.	*ūnīus*	*ūnīus*	*ūnīus*	*duōrum*	*duārum*	*duōrum*	*trium*	*trium*
Dat.	*ūnī*	*ūnī*	*ūnī*	*duōbus*	*duōbus*	*duōbus*	*tribus*	*tribus*
Akk.	*ūnum*	*ūnam*	*ūnum*	*duōs*	*duās*	*duo*	*trēs*	*tria*
Abl.	*ūnō*	*ūnā*	*ūnō*	*duōbus*	*duōbus*	*duōbus*	*tribus*	*tribus*

Glossar: grammatikalische Begriffe

Ablativ: Fall für Umstandsbestimmungen
Adjektiv: Eigenschaftswort
Akkusativ: Wen-Fall
Attribut: nähere Bestimmung eines Substantivs
Dativ: Wem-Fall
Deklination: Formenbildung eines Nomens nach Kasus, Numerus und Genus
Demonstrativpronomen: hinweisendes Fürwort
Elativ: Superlativ, der eine hohe Stufe bezeichnet, in der Übersetzung mit „sehr", „äußerst", „ganz"
Genitiv: Wes-Fall
Femininum: weibliches Geschlecht
Genus: gramm. Geschlecht: Maskulinum, Femininum, Neutrum
Indefinitpronomen: unbestimmtes Fürwort
Interrogativpronomen: Fragefürwort
Kasus: Fall, abgewandelte Form eines Nomens: Nominativ, Genitiv, Dativ, Akkusativ, Ablativ, Vokativ
Komparation: Steigerung von Adjektiven und Adverbien
Komparativ: 1. Steigerungsstufe
Kongruenz: Übereinstimmung verschiedener Nomina in Kasus, Numerus und Genus
Korrelation: Wechselbeziehung; korrelativ: in einer Wechselbeziehung
Maskulinum: männliches Geschlecht
Neutrum: sächliches Geschlecht
Nomen: deklinierbares Wort: Substantiv, Adjektiv, Pronomen und Numerale
Nominativ: Wer-Fall
Numeralia: Zahlwörter: Grund-, Ordnungs-, Distributivzahlen und Zahladverbien
Numerus: Singular (Einzahl) oder Plural (Mehrzahl)
Personalpronomen: persönliches Fürwort
Plural: Mehrzahl
Possessivpronomen: besitzanzeigendes Fürwort
Prädikat: Satzaussage
Pronomen: Fürwort, Stellvertreter oder Begleiter eines Nomens
Singular: Einzahl
Subjekt: Satzgegenstand
Substantiv: Hauptwort
Superlativ: 2. Steigerungsstufe
Vokativ: Anredefall

Register